Nach der Leere

Stefan Seidel

Nach der Leere

Versuch über die Religiosität der Zukunft

claudius

Quellennachweis der Zitate rechts:

Aus: Adam Borzič, Die Geschichte des Fadens. Übers. v. Martina Lisa, Verlag Kētos, Wien und Prag, 2020, S. 51

Aus: Dorothee Sölle, Gott denken. Einführung in die Theologie. Kreuz Verlag, Stuttgart 1990. Rechte: Fulbert Steffensky

Aus: Dag Hammarskjöld, Zeichen am Weg. Verlag Freies Geistesleben und Urachhaus GmbH, Stuttgart, 2019

MIX
Papier aus verantwortungsvollen Quellen
FSC® C083411
www.fsc.org

CPI
Mehr Bäume
Weniger CO_2
www.cpi-print.de/umwelt

www.claudius.de

Umschlaggestaltung: Weiss Werkstatt, München
unter Verwendung von © marukopum/shutterstock.com
Layout: Mario Moths, Marl
Gesetzt aus der Adobe Garamond Pro und Univers
Druck: CPI – Clausen & Bosse, Leck

ISBN 978-3-532-62857-7

„Jede Berührung der LIEBE hebt dich in den Himmel, /
jede Niederlage der LIEBE hebt dir das Grab aus."
Adam Borzič (*1978)

„Gott wird nicht gefunden wie ein kostbarer Stein oder die blaue Blume. Gott ereignet sich. God happens."
Dorothee Sölle (1929–2003)

„Gott stirbt nicht an dem Tag, an dem wir nicht länger an eine persönliche Gottheit glauben, aber wir sterben an dem Tag, an dem das Leben für uns nicht länger von dem stets wiedergeschenkten Glanz des Wunders durchstrahlt wird, von Lichtquellen jenseits der Vernunft."
Dag Hammarskjöld (1905–1961)

Inhalt

Vorwort

Dieses Buch wird fertiggestellt inmitten der Zeit der sich ausbreitenden Corona-Pandemie. Dabei grassiert nicht nur das gefährliche Virus. Auch eine lähmende Angst, eine ungekannte kollektive Bedrängnis und Beklemmung greift um sich, in der verzweifelt nach Auswegen gesucht wird – medizinisch-physisch und mehr und mehr auch mental-psychisch: dass da etwas sei, das hält und trägt, auch und gerade dann, wenn Sicherheiten schwinden und eigene Mittel zur Bewältigung aus der Hand geschlagen scheinen. Jeder sucht – und er sucht für sich und jeder sucht woanders. Und wie oft greift er dabei ins Leere? Wohin mit der Angst, mit den Unsicherheiten, mit den Unwägbarkeiten? Wo wäre Halt zu finden? Viele Wege, die schon länger zur mental-psychischen Bewältigung heutigen Daseins versucht werden – Sicherheit und Süchte, Trainings und Techniken, ja sogar Energiearbeit und Engelkontakte –, offenbaren letztlich nur die große und grundlegende Schwäche des spätmodernen Menschen: dass er immer nur um sich selbst kreist und sein Heil nicht mehr wirklich in einem transzendenten Außer-Sich, einem rettenden Göttlichen zu finden vermag. Allenfalls transzendente Kurzschlüsse scheinen noch möglich, selten aber eine grundsätzliche Rückbindung an ein größeres Ganzes. Und den meisten Menschen scheint dabei meistens nichts zu fehlen. Doch hereinbrechende Krisen können den mentalen Mangel an Daseinsfestigkeit schmerzhaft offenlegen.

Ist aber eine Wiederaufnahme der Verbindung zum Göttlichen nach den Jahrhunderten der Gottesaustreibung, die vielerorts in eine einfache Gottvergessenheit übergegangen ist, noch möglich? Viele Verbindungen sind gekappt, viele Bilder gestürmt, Rituale ausgetrocknet, Gebete verlernt, Weisheiten verloren, Heiliges verschwunden. Und die Kirchen sind leer. Offenbar gelingt es diesen letzten offiziellen Hütern der Geheimnisse des Glaubens nicht mehr, Plausibilitäten für das Göttliche herzustellen. Ihre Worte verhallen oft unverstanden und ihre Rituale sind oft nur noch für eine kleine verschworene Schar zugänglich. Jahr für Jahr verlieren die Kirchen an Terrain – teils an einfaches, irdisch-genügsames Leben, teils an attraktiver scheinende Lebensbewältigungsangebote auf dem kapitalisierten Sinndeutungsmarkt.

Doch das Sich-Beziehen auf Göttliches ist nicht einfach nur eine Frage der Technik. Es braucht einen Anker des Einleuchtens im eigenen Leben: dass sich einem wirklich etwas vom Göttlichen erschließt. Diesbezüglich herrscht seit mehreren Generationen Leere. Traditionsketten sind unterbrochen, Glaubenslosigkeit zum Teil schon seit mehreren Generationen üblich. Sicher oft auch zum Glück. Denn möglicherweise ist vieles am überliefert Sakralen unbrauchbar geworden, weil es auch Lebensmöglichkeiten eingeschränkt und beschädigt und das Göttliche für irdische Machtausübung missbraucht hat. Es ist auch eine Befreiung aus Enge, ein Aufatmen, dass man nicht mehr umstandslos klerikal-dogmatischen Denk- und Lebensvorschriften ausgesetzt ist.

Allerdings hat sich eben auch gezeigt, dass die gewonnene Freiheit in Leere übergehen kann, in ein Leben ohne tieferen Halt, ohne Festigkeit in den Fragilitäten des Lebens. Deshalb hebt nach der Leere des Gottesverlustes durchaus wieder ein Suchen und Sehnen an nach dem, was jenseits der Einkapselung in sich selbst und dem permanenten Konsumieren liegen könnte.

Wenn die alten Angebote der Kirchen nicht mehr zu überzeugen vermögen und die Wiedererschließung traditionell-religiöser Inhalte nicht mehr so einfach möglich ist, scheint eine Suche nach dem neuartigen Tasten nach Transzendenz, nach den neuen Versuchen des Bestimmens des Unbestimmbaren im Menschen lohnend und spannend. Das wird in diesem Buch unternommen. Immer wieder, seit dem Aufkommen erster religiöser Riten in der Altsteinzeit, hat sich das Religiöse neu konstelliert im Menschen und in den menschlichen Gesellschaften. Es fand bestimmte Ausprägungen und Formen, die eine Zeit lang getragen und überzeugt haben und sich dann wieder wandelten und neue Formen und Konstellationen hervorbrachten. Freilich: Derartig ausgetrocknet und erodiert wie heute scheint das religiöse Feld noch nie gewesen zu sein. Was aber auch eine ungeahnte Chance sein kann: nämlich zu schauen, wie sich Religiöses im weitesten Sinne neuartig herausbildet – welche Worte, Wege und Wahrheiten heute gefunden werden, um sich mehr oder weniger zu beheimaten im Göttlichen und mit der eigenen Unabgeschlossenheit umzugehen. Was wird versucht, um jene Leere zu füllen, die das Zeitalter der Entzauberung des Göttlichen und Selbstermächtigung des Menschen erzeugt hat und die allzu oft als ein Mangel an Glaube, Liebe und Hoffnung spürbar wird? Sich an diese Größen wieder anzuschließen, erscheint heute schwerer denn je. Und oft geschieht dieser versuchte Anschluss eben in Gestalt eines Kurzschlusses: dass lediglich Ersatzreligionen kultiviert oder transzendente Bedürfnisse durch die marktförmigen Angebote der Spiritualitätsindustrie befriedigt werden. Oder aber, dass die Bestimmung des Unbestimmbaren in identitären Ideologien und Fundamentalismen gesucht wird.

Dieses Buch versucht einen anderen Weg zu beschreiten, indem es jene suchenden Regungen und Bewegungen der Gegenwart aufspürt, die zunächst gar nicht unbedingt als ausdrücklich religiöse Versuche daherkommen, gleichwohl aber als Wege und Weisen einer heutigen „religionslosen Religiosität" verstanden werden können. Gerade in der Dichtung, in der Philosophie, in den Versuchen, die Kreise der Liebe möglichst weit zu ziehen, keimt ein religiöses Geschehen *im Vollzug* wieder neu auf. Es trägt oft keinen expliziten Bekenntnischarakter, sondern erzeugt gleichsam „unter der Hand" einen religiös zu nennenden

Halt, der eben auch dann hält, wenn eigenes Verstehen und Bemühen an Grenzen stößt. Diese etikettlosen Religiositäten nähren den „göttlichen Funken" im Menschen und eröffnen heute möglicherweise überhaupt erst wieder einen Ausgangspunkt, von dem her eine Rückbindung an das Göttliche nach Jahrhunderten der Gottesentwöhnung möglich wird. Von solchen Impulsen herkommend ist vielleicht auch wieder Überzeugendes in den verschütteten alten Religionen zu finden.

Solch ein Vorgehen, das mit den implizit-religiösen Regungen beginnt und diese als Nährboden für die mögliche Kultivierung explizit-religiöser Existenzversuche betrachtet, wird der Situation der sogenannten Spätmoderne wohl eher gerecht als die bloße Suche nach bekannten explizit-religiösen Phänomenen. Denn so wird der Blick eröffnet für die tatsächliche Weite und Breite des Wirkens des Göttlichen, das heute neu aufsprießt an ganz ungeahnten Orten und in ganz neuen Worten. So wie es bereits in der Bibel heißt, dass der Geist Gottes weht, wo er will (Johannes 3,8) und dass diejenigen heilig sind, die „das von Gott" in ihrem Leben tun (Römerbrief 2,14).

Die vordringliche Aufgabe für die Behebung der säkularen Leere und die Wiederentdeckung der religiösen Dimension besteht darin, Überzeugungspunkte zu erschließen, an denen einem etwas vom größeren Ganzen, von einer größeren Liebe aufgeht und sich Brücken auftun über die eigenen Ängste und Abgründe hinweg. Wenn im Folgenden moderne Worte, Bilder, Denkversuche und Wahrheitsahnungen zusammengetragen werden, die wie ein Puzzle einzelnes religionslos-religiöses Geschehen der Gegenwart aufzeigen, soll deutlich werden, dass nach der Leere der Gottvergessenheit wieder sehr viel Religiös-Nährendes da ist, das gut und gerne für den Versuch einer religiösen Existenz im 21. Jahrhundert ausreichen kann. Es sind Spuren eines alten Weges, der schon viele Namen und Windungen hatte und doch immer zu dem einen führen wollte: dass der Mensch hineinwachsen kann in das Vertrauen in eine größere Liebe, die in dem ihm entzogenen Bereich des Ursprungs, Hintergrunds und Ziels seines Lebens waltet – aus der er kommt, zu der er gehört und in die er münden wird.

1. Das Leben in säkularen Zeiten

Von Freiheit und Heimweh

Es ist noch gar nicht so lange her, da erschien eine Welt ohne Religion schier unvorstellbar. Noch Charles Darwin ereilten schwere Gewissensbisse, als er anhob, mit seiner Evolutionstheorie die Religion als Weltdeutungsautorität zu verabschieden. Jahre bevor er das wagte und seine biologischen Erkenntnisse zur Entwicklung des Lebens veröffentlichte, schrieb er in einem Brief an einen befreundeten Botaniker: „Es ist, als gestehe ich einen Mord.“[1]

Seither sind über 150 Jahre vergangen, in denen im Blick auf die Bedeutung und Rolle der Religion kein Stein auf dem anderen geblieben ist. In der sogenannten westlichen Welt ist die Religion weitgehend erodiert. „Alle Kirchen stehen heute wie entlaubte Bäume in unserer postmodernen Landschaft“, stellte der Theologe Johann B. Metz (1928–2019) fest.[2] Längst wurde die postreligiöse Epoche, das *säkulare Zeitalter*, ausgerufen, in dem sich die Religion verflüchtigt hat und die meisten Menschen unter einem leer geräumten Himmel – und auf einer überstrapazierten Erde – leben.

Doch das ist nur die eine Seite der Medaille. Während der Megatrend Säkularisierung die institutionalisierte

Religion regelrecht weggefegt und in eine immer kleiner werdende gesellschaftliche Nische gedrängt hat, kehrt sie in veränderten – oft entstellten – Gestalten wieder. Die verabschiedet geglaubte Macht der Religion, für die in einer mündigen und aufgeklärten Zeit kein Platz mehr zu sein schien, verschafft sich ihren Zutritt und ihr Recht: im religiös-fundamentalistischen Gebaren der Verunsicherten oder in esoterischen Erlösungssehnsüchten der Überhetzten.

Es ist unübersehbar, dass die Religion heute zurück auf die Tagesordnungen drängt, sei es in ihrer schmutzigen Gestalt von Terrorismus oder in ihrer weichgespülten Form als Sinnsurrogat auf dem Psychomarkt. Die meisten Philosophen und Soziologen haben bereits die Ausrufung des Endes der Religion zurückgenommen und sprechen mittlerweile von einer *postsäkularen Epoche*, in der sich die Religion als ein überraschend lebendiges Phänomen erweist.[3] Sie erscheint in diesen Tagen paradoxerweise als ein gleichermaßen virulentes wie sich verflüchtigendes Phänomen. Oder wie es der Philosoph Bernhard Waldenfels einmal ausdrückte: „Der säkularen Entmachtung der Religion, die nicht frei ist von Zügen einer kollektiven Verdrängung, entspricht deren Wiederkehr."[4]

Es nützt also nichts: Die Frage nach der Religion muss noch einmal angefasst und die Frage gestellt werden, ob neben den heute dominierenden Religionsgestalten des Fundamentalismus und der Esoterik sowie den verbliebenen traditionellen Religionsresten eine Religiosität denkbar und möglich wäre, in der Freiheit und echter Transzendenzbezug miteinander verbindbar wären. Diese Frage stellt sich auch in Reaktion auf den immensen Legitimationsverlust der Kirchen, der vor allem im Zuge des Missbrauchsskandals zu verzeichnen ist. Das Ausmaß sexuellen wie spirituellen Missbrauchs im kirchlichen Bereich führt die gegenwärtigen Defizite der Kirchen drastisch vor Augen, in denen noch allzu stark der alte autoritäre Charakter des Kirchlichen zu dominieren scheint, der keine adäquate Antwort auf die Religionsfrage der Gegenwart darstellt. Viel zu oft, so die Theologin und Philosophin Doris Wagner, werde im kirchlichen Bereich heute noch das spirituelle Selbstbestimmungsrecht des Gläubigen verletzt. Dieses aber müsse heute als unhintergehbare Errungenschaft angesehen und respektiert werden. Wagner hat zahlreiche sexuelle und spirituelle Missbrauchsfälle in der Kirche dokumentiert und die Anfälligkeit kirchlicher Strukturen für spirituellen Missbrauch aufgezeigt. Sie fordert „spirituelle Autonomie“ als Ausgangspunkt jedes religiösen Suchens. Es sollte sichergestellt sein, dass die Sinnfindung und Sinngebung im eigenen Leben selbstbestimmt vorgenommen werden kann.[5] Wagner stellt fest: „Freiheit ist eine Voraussetzung für Beziehungen. Das gilt für zwischenmenschliche Beziehungen ebenso wie für die Gottesbeziehung.“[6]

Damit ist eine wesentliche Aufgabe für eine zeitgemäße Religiosität gestellt: dass Spiritualität nicht als ein vermittelter und verwalteter Bereich erscheint, in den man sich zu fügen hat, sondern als eine Form des freien Lebens. Nicht aus Gehorsam heraus soll geglaubt werden, indem einfach eine Idee oder Ideologie übernommen wird, sondern indem eine eigene Resonanz zu Sinndeutungen entsteht. „Wer glauben will, kommt nicht darum herum, im eigenen Leben, in der eigenen Erfahrung nachzuspüren und sich die Frage zu stellen: Unter all den Namen Gottes, unter allen Bildern, allen Geschichten, die wir von ihm haben: Welche finden in *mir* einen Widerhall? Aus allen Liedern, mit denen wir Gott loben: Welches Lied ist *meines*? Welche Worte kommen aus *meinem* Herzen, wenn ich mich Gott zuwende?“[7]

Bei dem Versuch, eine mögliche Religiosität für das 21. Jahrhundert zu finden, dürfte es darum gehen, das Religiöse in einem sehr weiten Sinn zu verstehen. Will man die Religiosität in das Zeitalter der Mündigkeit des Einzelnen retten, sollte erkannt werden, dass *alles* auf die persönliche Freiheit und das Gespür für sich selbst ankommt. Und dass es gerade im Dienste „Gottes“ steht, wenn diese persönliche Zuständigkeit für das eigene Leben auch auf den spirituellen Bereich ausgedehnt wird. Viel zu lange und viel zu oft haben die Kirchen dieses spirituelle Selbstbestimmungsrecht des Einzelnen untergraben und ihn von sich selbst – und damit von „Gott“ – weggeführt. Insbesondere die Kirchen hätten Doris Wagner zufolge zu lernen, dass sie nur und ausschließlich für die äußeren Belange der Organisation des Glaubenslebens zuständig seien und nicht in das Seelenleben, in das Gewissen oder die spirituelle Praxis der Gläubigen *hineinregieren* dürfen. Das bedeutet vor allem auch, ein Bewusstsein dafür zu entwickeln, „dass es nicht nur *einen* Sinn des Lebens und nicht nur *ein* gültiges Set von Geschichten, Begriffen und Ritualen gibt, sondern viele und dass wir uns selbst die Geschichten, Begriffe und Rituale suchen und schaffen dürfen, die uns tragen“[8].

Doch dieses „Programm“ gilt nicht nur für Menschen, die sich in der Kirche „spirituell vergiftet“ haben, sondern auch für jene, die ganz neu und ungeprägt auf der Suche nach dem Sinn ihrer Erfahrungen oder einem tieferen Halt sind. Es könnte deshalb heute vor allem darum gehen, eine Religiosität ohne Religion zu praktizieren – so paradox das zunächst klingen mag. Damit könnte das Religiöse wieder als das entdeckt werden, das es eigentlich ist: eine Bewegung aus dem Eingeschlossensein in sich selbst heraus, ein Sich-Beziehen auf ein Anderes, eine Dimension des bewussten Lebens und tieferen Fragens, die sich heute vor allem in Kunst, Philosophie, Musik, Liebe, Erfahrungen von Unverfügbarkeit zeigen kann – oder natürlich auch in den überlieferten religiösen Traditionen. Das in diesem Buch versuchte Sich-Beziehen auf die göttliche Dimension jenseits einer verfassten Religion dürfte viel mit dem zu tun haben, was der Philosoph Dieter Henrich das „wache Leben“ genannt hat, das er als eine „Befreiung aus engen Denkbahnen und unbedachten Vormeinungen“ verstand.[9] Solcherart bewusstes Leben bedeutet nämlich auch, „dass man ein Ganzes, nicht mehr Hinterfragbares und Gründendes in den Blick bringen muss“[10]. Man sollte also, so Henrich, darum wissen, was einen trägt und worin man gründet. „Die Verpflichtung auf das eigene Gespür kann also nicht delegiert werden. Man kann sich in seinen Lebensvollzügen nicht vertreten lassen, ohne dass sie fremde würden", schreibt Christian Geyer erläuternd zu Henrichs Ansatz.[11]

Daran sollten sich auch alle religiösen Versuche der Gegenwart messen lassen: ob sie dem eigenen Gespür entspringen oder ob sie bloß Übernommenes und Vorgedachtes darstellen. So käme heute vieles darauf an, dass ein Mensch im Zuge seines Bemühens, ein persönliches und sinnhaftes Leben zu führen, eine Religiosität kultiviert, die dabei hilft, Sinn und Verstehen und Vertrauen zu befördern. Dabei können – wie gesagt – die alten *und* neuen Quellen von Glaubensversuchen erschlossen und genutzt werden. Die zukunftsweisende Religiosität im 21. Jahrhundert könnte eine religionslos gewordene Frömmigkeit sein, die auch neue Formen findet, neue Denkwege geht und Transzendendem an ungewohnten Orten begegnet. Die großen, oft verbrauchten Worte und Begriffe der traditionellen Bekenntnisse spielen dabei keine vorherrschende Rolle mehr. Vielmehr formiert sich diese Art der Religiosität zumeist etikettenlos und oft auch einfach in bestimmten Lebensvollzügen – etwa wenn einem in einem Gedicht etwas Entscheidendes über das Leben aufgeht oder man ein Mitleid spürt, aus dem man Konsequenzen zieht.

Für einen Versuch über Religiosität im 21. Jahrhundert ist es allerdings zunächst nötig, ein möglichst genaues Bild des heutigen Lebens in der Welt und der Bedeutung der

Religion in ihr zu zeichnen. Es mangelt nicht an Versuchen, den Zustand der heutigen Welt auf einen Begriff zu bringen: „flüchtige Moderne“ (Zygmunt Bauman), „Risikogesellschaft“ (Ulrich Beck), „Zeitalter der Beschleunigung“ (Hartmut Rosa), „Zeitalter der Erschöpfung“ (Byung-Chul Han), „Zwang zur Freiheit“ (Anthony Giddens). In Bezug auf die Religion ist die Rede vom „säkularen Zeitalter“ (Charles Taylor), von der „entzauberten Welt“ (Max Weber), von der „Gotteskrise“ (Johann B. Metz), von „metaphysischer Heimatlosigkeit“ (Peter L. Berger), von „transzendentaler Obdachlosigkeit“ (Georg Lukács), vom „Zeitalter nach Gott“ (Peter Sloterdijk) oder vom „Ende der großen Erzählungen“ (Jean-François Lyotard). Andererseits aber auch von der „Rückkehr der Religionen“ (Martin Riesebrodt), der „Wiederkehr der Götter“ (Friedrich W. Graf) oder der „plurireligiösen Gesellschaft“ (Frank-Walter Steinmeier).

Entscheidend ist, dass mit dem Anbruch der Moderne ein epochaler Paradigmenwechsel in Bezug auf die Bedeutung der Religion stattgefunden hat. In diesem ist die Religion als dominierendes Bezugs- und Ordnungssystem abgelöst worden durch einen „selbstgenügsamen“, „ausgrenzenden Humanismus“, wie Charles Taylor feststellt.[12] Dieser selbstgenügsame Humanismus habe laut Taylor das Fenster der Transzendenz geschlossen, „so als gäbe es auf der anderen Seite gar nichts, ja, so als wäre es nicht ein ununterdrückbares Bedürfnis des menschlichen Herzens, dieses Fenster zu öffnen“[13]. Prägend für dieses „säkulare Zeitalter“

sei es, so Taylor, dass das Leben ohne Zusammenhang mit höheren Zeiten und in einem rein „immanenten Rahmen" verstanden werde – bei Preisgabe der transzendenten Dimension.[14]

Diese *Säkularisation* habe sich Taylor zufolge in den letzten Jahrhunderten in drei Stadien vollzogen: Zunächst kam es zur Trennung der sozialen Belange vom Religiösen (I), dann zum Rückgang der religiösen Praxis und zur Leerung der Kirchen (II) und schließlich zu der Situation, dass der „Glaube" nur mehr *eine* mögliche Option unter vielen ist (III). Gleichwohl ist Taylor der Ansicht, dass das Religiöse nicht gänzlich ausmerzbar sei. Vielmehr „verharre das Religiöse unauslöschlich am Horizont des Areligiösen – und umgekehrt"[15]. Bemerkenswerterweise betont Taylor, dass unsere Zeit sehr weit davon entfernt sei, es sich in einem „bequemen Unglauben" gemütlich zu machen. Viele Menschen täten das zwar – „doch die Unruhe kommt immer wieder zum Vorschein"[16]. Es müsste heute also die Frage gestellt werden: Was tritt die Erbschaft der erodierten Religion an? Was tritt in diese Lücke – an echten und unechten Göttern?

Entscheidend zum Verstehen der Gegenwart ist die Tatsache, dass wir in der „Epoche der Freiheit" leben, wie es der Philosoph Byung-Chul Han einmal formuliert hat. In dieser durch die Freiheit definierten Epoche der Moderne habe sich der Mensch von der Vorstellung Gottes als Erschaffer und Entwerfer der Welt befreit und sich stattdessen selbst zum Subjekt der Geschichte gemacht: Seit dem

Beginn der Moderne sei es der Mensch, der selbst seine Welt herzustellen vermag – im Unterschied zum Menschen der Vormoderne, der sein Leben in ewiger Wiederholung auf einer vorgegebenen Bahn lebte, so Han. Das bedeute, dass das Heil allein im Diesseits gesucht und mittels des Fortschritts zu verwirklichen versucht werde. Dies erzeuge den typisch modernen „Beschleunigungsdruck“: Denn das anvisierte Glück liegt nun nicht mehr in den Händen Gottes und in einer anderen Welt, sondern in den eigenen Händen und muss selbsttätig in dieser Welt und Zeit erreicht werden.[17] Eine Folge davon ist FOMO – die typische Angst des modernen Menschen, etwas zu verpassen (*„fear of missing out“*). Der israelische Historiker Yuval Noah Harari beschreibt das so: „[…] und obwohl wir über mehr Wahlmöglichkeiten als je zuvor verfügen, haben wir die Fähigkeit verloren, der Sache, für die wir uns dann entschieden haben, wirklich unsere Aufmerksamkeit zu schenken“[18]. So nimmt das „Projekt der Moderne“ mit der Entthronung der Götter und der Selbstermächtigung des Menschen seinen Lauf und lässt vor allem die alte Tradition der Religion unter die Räder der Geschichte geraten. In der säkularisierten Gesellschaft ist sie ersetzt worden durch den alles dominierenden Glauben an die Selbstbestimmung des Menschen.

Es war Sigmund Freud, der gewissermaßen das Narrativ zu diesem Aufbruch des Menschen aus seiner Unmündigkeit und der Unterwerfung unter die Religion lieferte. 1927 beschrieb er in seinem Buch „Die Zukunft einer Illusion“ den Untergang der Religion in der Moderne als einen zwangsläufigen Vorgang. Die religiösen Bedürfnisse waren für ihn Auswüchse einer infantilen Vatersehnsucht und die Religion demzufolge eine durch die Vernunft zu überwindende Illusion. Er erwartete, dass sich die Menschen gegen die „religiösen Märchen" bald ähnlich benehmen würden wie gegen die richtigen Märchen. Die Kultur solle rationell begründet werden – gemäß der sozialen Notwendigkeiten.[19]

Doch zu Freuds Zeiten stand der Preis für diese Ablösung von der Religion noch klarer vor Augen. Die Verabschiedung der religiösen Option bedeutete eben auch den Verlust eines sozialen Zusammenhangs, einer Geborgenheit, eines Gerüsts, einer Tradition, die nicht zuletzt auch für einen emotionalen Halt und eine Beruhigung der Daseinsängste sorgte. Es galt – damals womöglich mehr als heute –, einen sicht- und spürbaren Preis für die Befreiung vom „Joch der Religion" (Freud) zu entrichten.

Man kann das Ringen mit diesem zu zahlenden Preis der Säkularisation noch in Freuds privatem Umfeld beobachten. Er selbst entstammte ebenso wie seine Frau Martha dem orthodoxen Judentum. Entsprechend seiner Einsichten in den illusionären Charakter der Religion und seines Glaubens an den Sieg der Vernunft distanzierte er sich selbst größtmöglich von seinen religiösen Wurzeln und untersagte auch seiner Frau Martha, ihr Judentum zu praktizieren. Die Entzauberung der Welt sollte gründlich sein und keine Inseln des Religiösen geduldet werden. Doch Martha, die offenbar sehr an ihrer Religion hing, fiel das schwer. Insbesondere der Verzicht auf die rituelle Sabbatfeier mit dem Entzünden der Kerzen schmerzte sie. Sie willigte trotzdem ein. Nach dem Tod ihres Mannes kehrte sie allerdings wieder zurück zu ihrer Religion, nahm die alten Riten wieder auf und entzündete freitags die Sabbatkerzen – eine Wiederverzauberung der Welt hob an, wohl auch als Versuch der Rückgewinnung eines elementaren Trostes in einer brutalen Zeit.[20]

In gewisser Weise zeigt sich an dieser kleinen Episode der ganze epochale Widerspruch der Moderne: Einerseits definiert sie sich über Aufklärung und Atheismus, andererseits aber vermag sie die Lücken der verabschiedeten Religion nicht umfassend zu füllen. Im Bereich der Lebensorientierung, Daseinsbewältigung und Sinnstiftung, womöglich auch auf dem Gebiet ethischer Ressourcen hinterlässt die Moderne eine offene Flanke. Es ist dieser Widerspruch, der sich im weiteren Verlauf der Epoche noch nahezu eruptiv äußern wird, wenn nämlich die Religion in der Spätmoderne mit Wucht zurückkehren wird in die westlich-modernen Gesellschaften und diese vor beträchtliche Herausforderungen stellt. Die *Entzauberung* der Welt scheint die Sehnsucht nach ihrer *Wiederverzauberung* hervorzubringen, auch wenn diese ebenfalls eine problematische und ambivalente Gestalt annehmen kann. Das war die bahnbrechende Erkenntnis von Theodor Adorno und Max Horkheimer 1944 in ihrer „Dialektik der Aufklärung“. Dort stellten sie ernüchtert fest, dass der wissenschaftlich-aufklärerische Fortschritt ein doppeltes Gesicht habe und auch einen Abgrund der Rationalität zutage fördere – „dass die Menschheit, anstatt in einen wahrhaft menschlichen Zustand einzutreten, in einer neuen Art von Barbarei versinkt“, die sich durch die rätselhafte Bereitschaft der technologisch erzogenen Massen auszeichne, in den Bann eines jeglichen Despotismus zu geraten. Unerwarteterweise sei es geschehen, dass die Aufklärung wieder in Mythos umschlage, in das falsche Absolute – in „das Prinzip der blinden Herrschaft“[21]. Es ist von Adorno und Horkheimer hellsichtig beobachtet worden, dass die Bodenlosigkeit eines Lebens ohne transzendente Bezogenheiten in eine moderne Panik münden kann, die Gefahr läuft, Beruhigung in neuen Totalitarismen zu finden. Über die Panik des modernen Menschen – im Unterschied zur Panik des vormodernen Menschen vor der Allgewalt der Natur – schreiben sie: „Die Menschen erwarten, dass die Welt, die ohne Ausgang ist, von einer Allheit in Brand gesetzt wird, die sie selber sind und über die sie nichts vermögen.“[22]

Nicht zuletzt die Erfahrungen dieser Schattenfolgen der Aufklärung führten in der zweiten Hälfte des 20. Jahrhunderts zu einer differenzierteren Beurteilung der Religion – ein Wandel, für den Jürgen Habermas den Begriff „Postsäkularismus“ geprägt hat. Religion habe sich demnach nicht einfach überlebt und könne auch nicht nur einseitig als Joch der Menschen angesehen und verabschiedet werden, so Habermas. Es könnten vielmehr Sinnressourcen in der Religion enthalten sein, von denen man sich nicht leichter Hand abtrennen sollte. Im besten Fall mündet die

Auseinandersetzung zwischen Religion und Aufklärung in eine „wechselseitige Übersetzungsarbeit“ sowie in „komplementäre Lernprozesse“, wie es Jürgen Habermas und Joseph Kardinal Ratzinger in ihrem Gesprächsband „Dialektik der Säkularisierung“ zu zeigen versuchten.[23] Könnte es sein, dass nach dem aufklärerischen „Ausgang aus der selbstverschuldeten Unmündigkeit“ (Kant) nun – in der späten Moderne – „der Ausgang des Menschen aus seiner selbstverschuldeten Mündigkeit“ anstehe, wie der Soziologe Ronald Hitzler einmal anmerkte?[24]

Es scheint jedenfalls, als müsste die Religion noch einmal neu in den Blick genommen werden. Denn ihr Phänomen erscheint einfach als zu vital und virulent, auch als zu vielschichtig und wichtig, als dass es einfach ad acta gelegt werden könnte. Wenn die Postmoderne dem Soziologen Karl Gabriel zufolge verstanden werden kann als die Loslösung von jener großen Erzählung der Moderne, dass Wissenschaft und Technik automatisch den Heilsfortschritt erzeugen, dann sind wieder alle Fragen offen.[25] Auch die der Religion. Sie kann in neuen Gestalten und Formen widerspruchslos zum Teil der typisch postmodernen „Bastelexistenz“ (Ronald Hitzler) oder „Patchwork-Identität“ (Heiner Keupp) werden. „Freiheit“ und „religiöse Beheimatungen“ (Karl Gabriel) müssen sich heute nicht mehr zwangsläufig ausschließen und können sich durchaus natürlich miteinander verbinden. Angesichts der Verunsicherungen, die das Leben trotz der Segnungen des Fortschritts immer noch mit sich brächte, setze eine neue Sehnsucht ein, so Gabriel:

Eine Sehnsucht nicht nur nach einer metaphysischen Geborgenheit, sondern auch nach Grenzen des Machbaren und nach dem Schutz von Unverfügbarem.[26]

Gleichwohl ist die Rückkehr zur Religion in ihrer vormodernen Gestalt nicht möglich. Auch wenn genau dies die erstarkenden religiös-fundamentalistischen Bewegungen suggerieren. „Es ist unmöglich, eine Frucht in ihren Baum zurückzubringen, nachdem sie gepflückt wurde", schreibt der Dichter und Theologe Christian Lehnert über die Religion in der (Post-)Moderne.[27] Wohl aber dürfte die Stunde gekommen sein, einen Verlust festzustellen: dass man wahrnimmt, dass etwas fehlt, wenn das Religiöse gänzlich abhandenkommt.

Es könnte sein, dass jener Grund, der vermutlich einstmals in der Menschheitsgeschichte dafür verantwortlich war, dass sich die Religion überhaupt ausbildete, auch ein Grund für ihr beharrliches Überleben in der Gegenwart ist: die Suche des Menschen nach einem Umgang mit der Tatsache seines Sterbenmüssens. Die Bewältigung des Todes und des Endlichkeitsbewusstseins bleibt auch für den modernen Menschen eine Herausforderung, die offenbar nur begrenzt durch Vernunft, Wissenschaft und Technik bewältigt werden kann. Die dunkle Unbeherrschbarkeit des Todes, das dauernde Leben in dem Bewusstsein, letztlich dem Tod machtlos ausgeliefert zu sein – diese monströse *conditio humana* ist wohl einer der Gründe dafür, warum die Frage der Religion womöglich immer relevant und virulent bleiben wird. Die Flucht zahlreicher heutiger

Menschen in esoterische Tröstungsversuche zeigt, wie sehr gerade im Hinblick auf den Umgang mit dem Tod etwas fehlt, wenn die kollektiven Sinnkonstruktionen der traditionellen Religion wegbrechen. Die Aufgabe für eine Religiosität im 21. Jahrhundert besteht deshalb wohl auch darin, einen Weg zu finden, im Angesicht des Todes bei Trost zu bleiben. Es gilt – wie zu allen Zeiten –, ein Verhältnis zu kultivieren zu den Größen, die jenseits des menschlich Verfügbaren im entzogenen Transzendenten liegen.

Diesem Versuch widmet sich das vorliegende Buch, indem es neuen Denk- und Ausdrucksversuchen des „anderen Horizontes" des Menschen nachspürt – und zwar jenseits der Begriffe und Konzepte der traditionellen Religionen und auch jenseits der Angebote und Konstrukte der neuen Ersatzreligionen. Dabei zeigt sich, dass die Gegenwart auch neue und kreative religiöse Tastversuche zu bieten hat, ohne dass diese als explizit „religiös" kategorisiert werden müssten. Im Folgenden werden zeitgenössische Lyrik, philosophische und künstlerische Denkmöglichkeiten des Todes, eine Theorie der Fragmentarität sowie die wachsenden Tiertötungsskrupel vorgestellt als mögliche Spuren des Göttlichen inmitten einer säkularisierten Welt. Es entsteht dabei ein Mosaik unterschiedlicher künstlerischer und philosophischer Lebens- und Denkversuche, in denen „das Heilige" an unerwarteten Orten und auf überraschende Weise sichtbar wird. Es sind Versuche, die das verbrauchte Religiöse neu buchstabieren – ganz ohne „roll back" in die Unmündigkeit autoritärer Religionsformen.

Dabei wird neben den drei dominierenden gegenwärtigen Formen der Religion ein vierter Weg sichtbar: Jenseits des Fundamentalismus, der Esoterik und der traditionellverfassten Religion eröffnet sich eine Art neuer mystischer Weg, der die Bezogenheit auf eine unendliche Liebe neu zum Ausdruck bringt. Diesem vierten Weg sind oftmals Denk-, Sprach- und Lebensversuche zuzuordnen, die sich selbst gar nicht vordergründig als „religiös" bezeichnen würden – und doch in ihrem Tasten in Richtung Transzendenz implizit religiös sind und die entstandenen religiösen Leerstellen auf ungewöhnliche und undogmatische Weise zu füllen vermögen. Es ist ein Weg, der hinausführt aus den alten und oft verbrauchten Begriffen der traditionellen Religion und hineinführt in neue Gebilde, in denen das Leben als von etwas Heiligem durchdrungen erscheint und seine Tiefe findet in einem größeren Glauben, Hoffen und Lieben; in denen neu aufgebrochen wird aus den Gleichförmigkeiten und Abgeschlossenheiten dieser Zeit.

Im Verzicht auf doktrinäre und dogmatische Verhärtungen, im „Aufbrechen" von Bildern, Begriffen und Bedeutungsgehalten der überkommenen Religion und im Aufnehmen von „Gegenbewegungen" zu dominierenden kapitalistischen Werten eröffnen diese Versuche ein kreatives Feld, auf dem neue, zarte „religionslose Religiositäten" wachsen. Diese können sich verbinden mit Traditionellem oder mit Avantgardistischem, mit althergebrachten oder gänzlich neuen Ausdrücken.

Die im Folgenden skizzierten Versuche einer Religiosität im 21. Jahrhundert nehmen die Tatsache ernst, dass eine weitgehende Entfremdung von Religion herrscht und Religion weder selbstverständlich noch selbsterklärend ist. Der Schriftsteller Thomas Brussig schrieb einmal: „Religion ist für mich wie eine Fremdsprache, die ich nicht beherrsche.“[28] Angesichts dieser Situation wäre es wenig sinnvoll, davon auszugehen, Religion erschließe sich über ihre traditionellen Formen, Gestalten und Begriffe wie von selbst. Nein, nach dem Religiösen muss neu gesucht werden. Und dabei kann es passieren, dass der Suchende das Göttliche plötzlich an ganz neuen Orten oder in ganz neuen Worten antrifft. Die „Sprache des Göttlichen“ scheint viele Sprachschulen zu haben. Heute kann auch eine Begegnung mit Kunst oder mit dem inneren Erleben einer unbedingten Wahrheit, philosophischen Denkversuchen oder der bewussten Auseinandersetzung mit dem eigenen Tod religiösen Charakter bekommen und zu einer nichtformalen *Religiosität im Vollzug* werden. Es zeigt sich: „Gott“ geschieht – in immer neuen und überraschenden Bezügen und Beziehungen. Und: „Gott“ kann nicht gelehrt, verordnet oder verfügbar gemacht, sondern nur erahnt, erglaubt, erlebt oder erliebt werden: „Gott“ in einem Augenblick des tiefen Respekts vor einem Anderen, vor einem fühlenden Wesen, dessen Schutz sich als unmittelbarer Impuls erschließt – zum Beispiel.

Insofern könnten auch die Kirchen oder andere traditionell verfasste Religionen vom vielfältigen „kapellenlosen Glauben“ (Rilke) der Gegenwart lernen und in eine wechselseitige Inspiration einsteigen. Denn all jene eingeübten und eingeschliffenen Formen der fertigen Antworten auf die göttliche Dimension haben womöglich „Gott" so sehr zu etwas Eigenem gemacht, dass er aufgehört hat, eine wirkende Macht von anderswoher zu sein. Auch der Fundamentalismus und die Esoterik erscheinen vor diesem Hintergrund letztlich als unreligiöse Wege. Denn sie stellen – auf ihre je eigene Art – das Göttliche in den Dienst des Eigenen, in den Dienst der Identitätssicherung und Abgrenzung oder in den Dienst der Selbstoptimierung und Selbstaufwertung. Damit wird das Göttliche neutralisiert und enttranszendalisiert.

Ein echtes Bezogensein auf Göttliches führt dagegen immer auch zu einem gewissen Loslassen des Eigenen, zu einem Wagnis des Vertrauens auf ein Anderes. Echte Religiosität bedeutet das Einsteigen in eine Bewegung, die einen über sich selbst hinaushebt und einwilligen lässt in etwas Größeres, Anderes. Eigentlicher Glaube führt also weg von der Vorstellung, das eigene Leben selbst leisten und letztlich das Ego retten zu können. Deswegen ist Religiosität immer auch eine Erfahrung an der Grenze: Sie übersteigt die Grenzen des Immanenten, des Selbstbezüglichen, drängt über das Eigene hinaus und lässt einen anderswo ankommen.

Echte Religiosität dreht dabei die gewohnte Perspektive um: Nicht *ich* muss irgendetwas leisten – und nun auch noch die Bezogenheit auf das Göttliche bewerkstelligen –, nein, es wird vielmehr mit dem Kommen und Wirken der

Dimension „Gott“ gerechnet, im Sich-Loslassen. Das Religiöse ist demnach keine bloße Funktion des Menschen, sondern es erfasst ihn von anderswoher und führt ihn über die Dimension der üblichen Bezogenheiten hinaus.

Es könnte also sein, dass eine neue und spannende Phase der Religionsgeschichte angebrochen ist, in der sich ganz neue Rinnsäle und Pfade der Religiosität auftun, mit denen sich möglicherweise der „Sprung“ in das Kraftfeld des Heiligen ganz neuartig ereignet.

2. Der „Gott"

Gottsuche unter leerem Himmel und auf vereindeutigter Erde

Vergegenwärtigt man sich die Situation, in der religiöse Denkversuche heute stattfinden, stößt man auf eine doppelte Gegebenheit: den leer geräumten Himmel und die vereindeutigte Erde. Die Durchschlagkraft der *Säkularisierung* war in den vergangenen zweihundert Jahren so wuchtig, dass ein nachhaltiger religiöser Traditionsabbruch diagnostiziert werden muss. Die als „Säkularisierungsthese" bezeichnete Annahme, dass mit dem Voranschreiten der Moderne die Religion immer mehr an Relevanz einbüße, kann dem Soziologen Detlef Pollack zufolge als empirisch weitgehend belegt gelten.[29] Er spricht von einer flächendeckenden religiösen *Enttraditionalisierung*, die gewissermaßen zwangsläufig aus der grundsätzlichen Spannung zwischen Moderne und Religion erwachse: Der in der Moderne mündig gewordene Mensch, der seine Welt- und Lebensdeutung unter das Primat des Rationalen gestellt hat und einen individuellen Lebensentwurf leisten muss, kann nicht mehr ohne Weiteres zurückgreifen auf vorgegebene und vorgedachte Wahrheiten, wie sie die verfasste Religion der Tradition bietet. Alle Vorgegebenheiten und Absolutsetzungen werden hinterfragt und Wahrheiten nur dann gelten gelassen, wenn sie sich als persönlich überzeugend erweisen. Immer erscheint nunmehr also die Wahrheit im Plural, als eine Wahlmöglichkeit. Die Religionszugehörigkeit aus bloßer Konvention ist damit ebenso weitgehend obsolet geworden wie die Akzeptanz autoritär verordneter Glaubenssätze. Die einst so mächtigen Religionstraditionen rücken in den Hintergrund und verdunsten allmählich zu einer fernen Erinnerung, die nur noch spurenhaft und in Nischen fortexistiert.

Es besteht kein Zweifel: Die Religion ist in der Moderne in eine tiefe Krise gestürzt. Der Mensch ist nach und nach metaphysisch heimatlos geworden. Die institutionalisierte Religion hat viele ihrer Funktionen für die Gestaltung des gesellschaftlichen Lebens eingebüßt (Verwaltung, Schule, Universität, Versorgung, Normsetzung, Kontrolle u. Ä.) und einen erheblichen Teil ihrer Bedeutung verloren. Die Funktionen haben sich verteilt auf unterschiedliche Funktionsträger und sich vielfach in den *privaten* Entscheidungs- und Möglichkeitsbereich der Menschen verlagert. Der Soziologe Niklas Luhmann (1927–1998) beschreibt die Folgen dieser grundstürzenden Entmachtung der Religion infolge der Ausdifferenzierung gesellschaftlicher Funktionen in der Moderne so:

> „Für den Religionsbereich bedeutet Privatisierung, dass die Beteiligung an geistlicher Kommunikation (Kirche) ebenso wie das Glauben des Glaubens zur Sache individueller Entscheidung wird, dass Religiosität nur noch

auf der Grundlage individueller Entscheidungen erwartet werden kann und dass dies bewusst wird. Während vordem Unglaube Privatsache war, wird jetzt Glaube zur Privatsache. (…) Es wird auf Institutionalisierung des Konsenses verzichtet."[30]

Religion findet sich heute also vornehmlich in der privaten Sphäre wieder. Der Soziologe Thomas Luckmann (1927–2016) verortet sie im Bereich der individuellen Freizeit, wo sie zur „unsichtbaren Religion" werde. Die Religion wandelt sich demnach von einer Form der Weltorganisation und Welterklärung zu einer „Angelegenheit individueller Selbstthematisierung" (Falk Wagner). Das bedeutet auch, dass die Vormachtstellung bestimmter Religionseinrichtungen schwindet und sich die Weltanschauungs-Möglichkeiten vervielfältigen. Sie erscheinen als buntes Sortiment und obliegen der Auswahlentscheidung des Einzelnen. „Die privatisierte Form der Religion, die sich über die alte geschoben hat und die ohne Monopol eines einzigen religiösen Kerns der Weltansicht sowie ohne einheitliche und spezialisierte gesellschaftliche Verortung der Religion auskommt, wird sehr wahrscheinlich von längerer Dauer sein", analysierte Thomas Luckmann.[31]

Zu einem ähnlichen Befund kommt auch der Religionssoziologe Peter L. Berger (1929–2017), für den der Bedeutungsverlust der institutionalisierten Religion und monopolisierten Wahrheit gar nicht hoch genug eingeschätzt werden kann. Die Modernität habe eine Entwicklung *vom*

Schicksal zur Wahl initiiert, die auch den Bereich der Religion betreffe. Die Schicksalswelt ist von der Modernität zerbrochen worden und zwinge den Menschen zur Wahl seiner Wege und Wahrheiten. Weltanschauungen unterliegen dabei ebenso seiner Wahlmöglichkeit wie Konsumprodukte oder Lebensstile – jeweils entsprechend der persönlichen Präferenz, so Berger. Das führe zu einer immer stärkeren Ausprägung der Subjektivität und Selbstreflexion. Denn: Glaubensvorstellungen müssen nun selbst gewählt werden. Berger spricht deshalb von einem „Zwang zur Häresie", der in der Moderne herrsche. Während die Häresie einstmals von randständigen und exzentrischen Menschentypen praktiziert wurde, sei sie heute zu einer allgemeinen Bedingung geworden: „Häresie ist in der Tat universell geworden."[32] Zwei dramatische Folgen hat das laut Berger für den modernen Menschen: „Die Außenwelt wird immer fragwürdiger, und seine Innenwelt wird komplexer."[33]

Gotteskrise

Doch der äußere Rückbau der traditionellen Religion in der modernen Gesellschaft ist eng verflochten mit einem inneren Plausibilitätsverlust des Religiösen. Das im Zuge des freien und kritischen Denkens und angesichts der theologischen Erklärungsbedürftigkeit humaner Katastrophen fragwürdig gewordene theistische Gottesbild („allmächtiger Gott auf dem Thron") ließ auch die Kirchen, die diesen

„Gott" lange verkündet haben, fragwürdig werden. Beide, „Gott" und Religion, verlieren in der Moderne erheblich an Überzeugungskraft. Vielleicht waren es vor allem die grausamen und auch religiös legitimierten Kriege des 20. Jahrhunderts, die nachhaltig die Menschen von den Kirchen und deren lange verkündeten Gottesbild entfremdet haben.

Es war der Dichter Wolfgang Borchert (1921–1947), der gewissermaßen stellvertretend für seine Generation schrieb: „Ach, du bist alt, Gott, du bist unmodern, du kommst mit unsern langen Listen von Toten und Ängsten nicht mehr mit. (…) Geh, alter Mann, sie haben dich in den Kirchen eingemauert, wir hören einander nicht mehr." Und weiter heißt es in seinem Drama „Draußen vor der Tür": „Auch Gott steht draußen, und keiner macht ihm mehr eine Tür auf."[34]

Spätestens seit der Mitte des vergangenen Jahrhunderts zeichnete sich ab, dass grundlegende Umbauarbeiten in der tradierten Theologie und Kirche unabdingbar geworden sind. Programmatisch hat dies die Theologin Dorothee Sölle (1929–2003) vorangetrieben, indem sie eine „Theologie nach dem Tode Gottes" entwarf und den Versuch unternahm, „atheistisch an Gott zu glauben". „Es führt kein Weg zurück zum Kindervater, der Wolken, Luft und Winden Wege, Lauf und Bahn gibt", schreibt sie und fährt fort: „Eine Theologie aber, die weder in verkrampfter Fröhlichkeit ihr Kindsein bewahren noch auch in pubertärem Schmerz die verlorene Mitte betrauern will – es braucht nicht betont zu werden, dass beide Stadien, das kindhafte wie das pubertäre, in den gegenwärtigen Kirchen aufbewahrt und gepflegt werden –, eine solche Theologie wird sich einlassen müssen auf die gottlose Welt, *in* die hinein sich Gott vermittelt hat."[35]

Tatsächlich, so könnte man meinen, setzte der von Sigmund Freud prophezeite Siegeszug der Mündigkeit in Bezug auf das Religiöse rigoros ein, der – im Namen der Vernunft und des selbstständigen Denkens und Lebens – die Allmachts- und Vorsehungsvorstellungen von Gott samt der damit verbundenen Kirchenmacht erodieren ließ. Man wollte erwachsen werden und sich nicht länger in infantiler Hilflosigkeit an den verlängerten Arm des Vaters im Himmel klammern.

Was lange unvorstellbar war, trat ein: Die mit zahlreichen klerikalen Sanktionen bewehrte Macht der Kirchen brach. Was können sie noch ausrichten, wenn die Exkommunikation von den meisten nicht mehr gefürchtet, sondern von selbst freiwillig vorgenommen wird? Vieles, was sich als äußere Religions- oder Kirchenkrise im Zuge der industriellen Revolution und Modernisierung der Gesellschaft herausbildete, hängt mit einer inneren „Gotteskrise" (Johann B. Metz) zusammen, in der die Menschen bislang unhinterfragte Überzeugungen über Gott als allmächtigen Schöpfer und Erlöser verabschiedeten und sich schleichend von diesen Sinndeutungspfaden entfernten.

Für eine breite Mehrheit der Menschen erscheint heute das Befolgen von kirchlichen Absolutheitsansprüchen schlechterdings nicht mehr vorstellbar. Begründungen für Werte und Normen können demnach nicht länger bloß durch den Verweis auf eine Tradition oder transzendente Autorität begründet werden, sondern nur noch durch den rationalen Diskurs und den Konsens mündiger Menschen. Das Religiöse, so will es scheinen, hat sich als Erfahrungs- und Begegnungsort heute neue Orte gesucht, vornehmlich jenseits tradierter Formen. Und es muss sich neu artikulieren und neu einbringen.

Kapitalismus als Religion

Wesentlich für das Verständnis des Schicksals der Religion in der Moderne ist vor allem auch der Gesamtzusammenhang, der durch den Siegeszug kapitalistischer Wirtschafts- und Gesellschaftsorganisation geprägt ist. Der Theologe Falk Wagner (1939–1998) beschreibt das so:

> „Durch die Verfolgung der wirtschaftlichen Ziele und des ökonomischen Endzwecks werden überkommene moralisch-religiöse Leitdifferenzen geradewegs in ihr Gegenteil verkehrt: Aus Lastern werden Tugenden und aus Tugenden Laster. Das egoistische Selbstinteresse, das der Religion als sündhaft, der Moral als verwerflich gilt, wird zum Motor prinzipiell nicht begrenzbarer Expansionsbestrebungen (…).“[36]

Mit der um sich greifenden Kapitalisierung der Welt- und Lebenszusammenhänge werden neue Werte und Prinzipien auf Kosten überkommener Werte und Prinzipien als verbindlich erachtet. Für den Soziologen Hartmut Rosa ist es vor allem der dominant gewordene „ziellose und unabschließbare Steigerungszwang" sowie das umfassende „Konkurrenzprinzip", die den neuen Wertehorizont und prägenden Lebenszusammenhang bilden. Moderne Gesellschaften seien „strukturell auf fortgesetzte Steigerung vermittels Wachstum, Beschleunigung und Innovationsverdichtung angelegt", was eine zeitliche und räumliche, technische und ökonomische Eskalationstendenz erzeuge, so Rosa. Das gute Leben werde als Produkt von Konkurrenz und Wettbewerb angesehen. Steigerung und Optimierbarkeit werden also zu den dominierenden Werten. Die Verhältnisse seien den Steigerungsimperativen von Wachstum, Innovationsverdichtung und Beschleunigung unterworfen, weshalb Rosa auch von einem „Steigerungsregime" spricht. [37]

Wenn die kapitalistische Wirtschafts- und Lebensorganisation – zum Beispiel durch den als alternativlos erscheinenden Zwang zu Wachstums- und Profitmaximierung – alles dominiert, wird sie in der Moderne gewissermaßen zur neuen Religion, der sich alle unterordnen. Darauf weist der Soziologe Christoph Deutschmann hin: Der Kapitalismus sei zu einem globalen System herangewachsen, dessen Macht über die heutige Gesellschaft ähnlich umfassend ist wie die von Religion und Kirche über die vormoderne

Gesellschaft.[38] Denn indem allem, was ist, ein Warenwert zugesprochen wird, würden sogar kulturelle und moralisch-religiöse Gehalte auf „die Charakterlosigkeit ihrer Tauschwertbestimmtheit“ reduziert, auf die Erfordernisse ihrer quantitativen Verwertbarkeit, bemerkt Falk Wagner.[39]

Darauf, dass alles, auch die sogenannte „innere Welt“ des Einzelnen, gewinnorientiertem Prinzip ausgesetzt ist, hat vor allem auch die Soziologin Eva Illouz hingewiesen. Gefühle und inneres Streben seien längst ökonomisiert und zu Waren auf einem ausgeprägten Gefühlsmarkt geworden, schreibt sie in ihrem Buch „Gefühle in Zeiten des Kapitalismus“. Auch das emotionale Leben sei der Logik ökonomischer Beziehungen und Austauschprozesse unterworfen worden.[40] Dabei sei eine tief greifende kulturelle Transformation des Selbst und seiner intimen Beziehungen zu verzeichnen, die sich in der Ausbildung eines „rational-methodischen Lebensstils“ zeige. So seien letztendlich auch Beziehungen zu funktionalen Gebilden unter der Wertperspektive geworden, die gehandelt und ausgetauscht werden können, vor allem auch auf dem Gebiet der „emotionalen Gesundheit“.[41]

Rainer Bucher ergänzt diese Analyse des heute herrschenden „kulturell hegemonialen Kapitalismus“ um die Beobachtung, dass auch die Religion zu einer marktförmigen Ware gemacht wurde, deren Traditionen und Praktiken zu austauschbaren Marken auf dem Markt geworden sind.[42] Die alte Religion, so will es scheinen, hat der neuen Religion des Kapitalismus mit dem von ihm geschaffenen *homo oeconomicus* kaum mehr etwas entgegenzusetzen, erscheint vielmehr als von ihr weitgehend unterworfen. Längst hätten sich die kapitalistischen Prinzipien der „gewinnorientierten Verwaltung der Welt“ (Jean-Luc Nancy) auch in der allgemeinen Lebensführung durchgesetzt. Das bedeutet: „Man ist ziemlich unentrinnbar selbst Teil der kapitalistischen Kultur. (…) Denn der globale Kapitalismus umstellt, umgibt und durchdringt alles.“[43]

Dass der Kapitalismus auch als eine Religion verstanden werden könnte, bemerkte zuerst Walter Benjamin (1892–1940) in einem kleinen Text-Fragment aus dem Jahr 1921. Darin beschrieb er den religiösen Charakter des Geldes im kapitalistischen System – eine Analyse, der viele später folgten. So sei das Geld dem Soziologen Christoph Deutschmann zufolge im Kapitalismus zu einem *absoluten Mittel* geworden, das dem Menschen ermögliche, sich an die Stelle Gottes zu setzen und alles Mögliche aus eigenen Kräften und mit eigenen Mitteln zu erreichen. Die treibende Kraft sei dabei „die Überwältigung der Menschen durch die in der Kapitalform des Geldes angelegten Utopie absoluten Reichtums“[44]. Gewissermaßen verwandelte sich dabei die einstige Vaterunser-Bitte „Dein Reich komme“ in das neue Mantra „Mein Reichtum komme“. Wobei dieser neue kapitalistische Kult des Geldes nicht in Erlösung mündet, wie schon Walter Benjamin bemerkte, sondern in Verschuldung und einem nicht enden wollenden Streben nach mehr. Der kapitalistische Gott ist also ein klassischer Ersatzgott oder Götze, der Schein-Erlösungen bietet und in Sackgassen reiner Selbstbezogenheit führt. So wie es auch Walter Benjamin schon in „Kapitalismus als Religion“ beschrieben hat: „Gottes Transzendenz ist gefallen. Aber er ist nicht tot, er ist ins Menschenschicksal einbezogen. (…) Dieser Mensch ist der Übermensch, der erste, der die kapitalistische Religion erkennend zu erfüllen beginnt.“[45] Der Kapitalismus kennt kein wirkliches Ziel außer dem des Siegens um des Siegens willen. Er kennt keine echte Erfüllung, keinen tieferen Sinn und kein Ende der Konkurrenz. Ein Ende des Immer-weiter und Immer-mehr ist nicht vorgesehen. Und der Mensch läuft und läuft in den ewigen Kreisläufen seiner Schuld und Schulden. Nicht das Heil werde deshalb mit der kapitalistischen Religion bewirkt, so Deutschmann, sondern Mensch und Welt an den Abgrund geführt. Denn durch die unkontrollierte Wachstumsmaxime würden zerstörerische Egoismen befördert statt begrenzt.[46]

Möglicherweise ist die Situation des heutigen Lebens unter der Dominanz kapitalistischer Wachstums-, Beschleunigungs- und Optimierungsmaximen nicht ganz unähnlich der Situation des mittelalterlichen Lebens unter der alles dominierenden katholischen Schuldtheologie mit ihrem sühnekapitalistischen Ablasshandel, gegen den Martin Luther schließlich so entschieden ankämpfte. So wird auch heute der Kapitalismus in seiner religiösen Struktur sichtbar, die Walter Benjamin als verschuldenden und nicht erlösenden Kult beschrieben hat: „Ein ungeheures Schuldbewusstsein, das sich nicht zu entsühnen weiß, greift zum Kultus, um in ihm diese Schuld nicht zu sühnen, sondern universal zu machen (…).“[47] Ist nicht eine der Triebfedern der vorherrschenden Beschleunigungskultur die Vorstellung vom Ungenügen des Menschen? Er ist nie fertig, hat nie genug, genügt nie den Ansprüchen, muss immer weiter und höher, muss ständig an sich arbeiten und sich selbst optimieren – am besten gleich heute noch den nächsten Selbstentwicklungs-Workshop buchen, sich selbst neu erfinden und den neuesten Dreh zu mehr Glück, Geld und Gesundheit finden. Was wir heute erleben, scheint eine Art moderner Schuldkultur zu sein, wie sie womöglich in der Geschichte gnadenloser nie gewesen ist. Die moderne Ablassindustrie boomt. An jeder Ecke gilt es, auf einen Coach zu hören, auf einer Couch zu landen, den nächsten Entwicklungsschritt zu machen, noch mehr seiner Möglichkeiten auszuschöpfen und an der Vervollkommnung des eigenen Lebens hart zu arbeiten. Dazu stehen Kurse, Gurus, Ratgeber, Therapien, Diäten und Präparate zum Konsum bereit. Die Botschaft lautet: Du bist nie genug; du hast nie genug; wer stehen bleibt, verliert; wer zufrieden ist, betrügt sich selbst. Die Theologin Gunda Schneider-Flume hat dies einmal die „Tyrannei des gelingenden Lebens“ genannt.[48] Wahrhaft religiös wäre es demnach heute, in eine Gegenbewegung zu dieser säkularisierten Schuldtheologie einzusteigen und sich daraus in Nachahmung Luthers zu befreien: indem sich der Einzelne persönlich auf ein wahres Göttliches bezieht, das – möglicherweise in ferner Erinnerung an den christlichen Erlösungsglauben – ihn von anderswoher gnadenhaft annimmt, entlastet und rettet.

Eine solche Bejahung der eigenen Endlichkeit im Horizont der Unendlichkeit Gottes könnte den Menschen wahrhaft menschlich machen und ihn als das existieren lassen, das er ist: als Fragment. „Glauben hieße dann, als Fragment zu leben und leben zu können", so der Theologe Henning Luther (1947–1991).[49] Damit erscheint der Mensch mit seinen biografischen Brüchen und Widersprüchen, seinen Beschädigungen und Begrenzungen, seinen Schwächen und Schicksalsschlägen als das, was er nun einmal ist und auch sein darf: ein begrenztes, fragmentarisches, endliches Wesen, das der Ergänzung, Ganzwerdung und Erlösung bedarf. Diese Ganzwerdung soll und kann er nicht selbst leisten – das wäre ein Sein-wollen-wie-Gott. Vielmehr darf er sie in einem wirklich religiösen Entwurf vom Göttlichen erwarten – in einer Gläubigkeit, die als „Teilnahme an Gott" (Gunda Schneider-Flume) vorgestellt werden kann. Das wäre die Erlösung, die der kapitalistische Kult nicht zu bieten vermag – und die ihn entmachten würde: Dass sich der Mensch akzeptieren darf, wie er ist, weil er von Gott geschaffen und auf ihn ausgerichtet ist; dass er Gnade und ein Genug erfährt und deshalb nicht dauernd den Ködern der Optimierungsversprechen hinterherlaufen muss und befähigt wird, Konkurrenz durch Kooperation zu ersetzen. Eine wirkliche Religiosität der Gegenwart entzaubert also die herrschende kapitalistische Sündenlehre mit ihrem unbarmherzigen und nicht enden wollenden Ablasshandel und verortet sich in anderen, größeren Zusammenhängen als den kapitalistisch geprägten.

Unter Aufnahme der Benjamin'schen Überlegungen zum Kapitalismus als Religion hat der Publizist Carl Amery (1922–2005) von der heute herrschenden „Religion des Totalen Marktes" gesprochen. Deren oberstes Dogma heißt: „Alles hat einen Preis – ergo, alles kann gekauft werden."[50] Diese Religion des Totalen Marktes ähnele dabei dem spätrömischen Kaiserkult, der seinerzeit zum einigenden Band eines riesigen Imperiums geworden ist und dem sich die kleine frühchristliche Minderheit durch Verweigerung des Kaisereides entzogen hatte. In ähnlicher Weise wölbe sich heute über alles und alle der traum- und gnadenlose Kult des Totalen Marktes, dessen Botschaft laute: „TINA, there is no alternative." Die neue „Reichstheologie" sorge dafür, dass die immer größere Beschleunigung und das stete Wachstum als alternativlos angesehen werden und es zu keiner lebensnotwendigen Schrumpfung und Verlangsamung der Wirtschaftsprozesse komme. Und die „Seelsorge" dieser Marktreligion bestehe in der Verbreitung des Konsumismus und der Weckung und Befriedigung immer neuer Bedürfnisse.[51]

Doch all das habe tödliche Folgen, so Amery: „Alles treibt, wie jeder von uns im Grunde weiß, auf die immer raschere Zersetzung der sozialen Gewebe, auf die immer raschere Zerstörung unserer moralischen und physischen Lebensgrundlagen zu – und auf die Zerstörung der Schöpfung, wie wir sie kennen."[52] Amery zufolge käme es deshalb heute darauf an, vor allem das Zentraldogma der Religion des Totalen Marktes – *„Es gibt keine Alternative"* – zu durchbrechen und Alternativen zu denken und zu leben. Er schlägt einen neuen Exodus vor – eine Auswanderung aus der Unterwerfung unter den neuen Kaiserkult des Totalen Marktes. Dieser Exodus könnte bestehen in der Etablierung anderer Lebenshaltungen und anderer Lebensmodelle, die inmitten der zerstörerischen Prozesse des totalisierten Marktes eine lebbare Zukunft vorbereiten. Es gehe um gelebte „Alternativen zur Raserei auf der Autobahn des Totalen Marktes, die Entwicklung einer Orthopraxie, die zum Asyl für das Langsame, Behutsame, Vielfältige werden kann, welches die Evolution zum Fortgang der Schöpfung benötigt". Es gelte, „neue Kulturen zu schaffen; Kulturen der wirklichen Emanzipation, der Herrschaft über unsere Bedürfnisse, des synergetischen Zusammenlebens mit den Bedingungen der Schöpfung".[53]

Echte Religionskritik und gelebte Religiosität könnte heute also bedeuten, einerseits Kritik am absolut gewordenen Geld und Wachstumszwang zu üben – das Geld zu entmystifizieren, damit es wieder zu dem werden kann, das es einmal war: bloßes Tauschmittel endlicher Menschen.

Andererseits könnte eine andere Haltung versucht werden als die der „gewinnorientierten Verwaltung der Welt". Eine Haltung und eine Praxis, die sich dem Verwertungsstreben und dem wertrationalen Umgang mit allem und jedem entzieht und anderes geltend macht: durch Gnade und Großzügigkeit, Spontanität und Schenken, Hingabe und Helfen, Kompromissbereitschaft und Kulanz, Milde und Mitleid, Nachgiebigkeit und Nachsicht, Vergeben und

Vertrauen, Muße und Maßhalten, Uneigennützigkeit und Teilen, Absichtslosigkeit und Lieben, Staunen und Spielen, Dichten und Malen, Beten und Singen, Selbstakzeptanz und Verweilen, Passivsein und Träumen, Bedürftigsein und Bedürftigkeit abhelfen, Nicht-Siegen und Schwachsein, Selbstlosigkeit und Sinnlichkeit, Freundschaft und Fairness, Demut und Dankbarkeit, Genügsamkeit und Güte. Dann könnte sich „unter der Hand" auch eine Öffnung des Eingeschlossenseins-in-sich-selbst ereignen, eine Transzendierung seiner selbst und dabei ein Erfülltwerden von anderswoher. Spuren echter Religiosität könnten sich in der Gegenwart gerade dadurch auszeichnen, dass die Prinzipien ökonomischer Verwertbarkeit unterlaufen werden und – immer mal wieder und vielleicht immer öfter – jenseits des üblicherweise als obersten Wert postulierten *egoistischen Selbstinteresses* gelebt wird.

Der digitale Himmel über uns

Und über allem wölbt sich heute die alle und alles erfassende und umfassende Macht des Digitalen als vielleicht triumphalste Gestalt der Wiederkehr des alten Götterhimmels. Offensichtlich hat das weltweite Netz wesentliche Merkmale und Funktionen der alten Religion geerbt. Vor allem die umfassende und dauernde, hintergründige und durchdringende Präsenz des „Cyber-Space" erinnert an Qualitäten, die einstmals Gott zugeschrieben wurden – so wie es sich beispielsweise im 139. Psalm des Alten Testaments ausdrückt: „Von allen Seiten umgibst du mich / und hältst deine Hand über mir." Das Internet begleitet den User, wohin er auch geht, und weiß und navigiert seinen Weg. Es ist ein Raum unendlicher Möglichkeiten, eine Macht, die, in der Unsichtbarkeit angesiedelt, quasi dauerhaft metaphysisch präsent ist.

Die digitale Sphäre erweist sich wie früher die Gottheit als permanent anruf- und ansprechbar für Wünsche und Bedürfnisse, die früher als Gebete an die höhere Macht gerichtet wurden. Das Internet ist gleichsam das Gefäß eines höheren und umfassenden Wissens, an dem der Eingeweihte teilhat. Es verleiht dem User ein „zweites Ich", so wie beispielsweise die christliche Glaubensidentität früher dem Gläubigen ein „Sein-in-Christus" ermöglichte. Das Internet – wie die Religion vergangener Tage – stiftet eine Gemeinde, einen sozialen Raum jenseits der familialen Bindungen. In Gestalt des Smartphones hat der User im Alltag einen Stellvertreter der höheren Macht bei sich, der die Verbindung zu ihr garantiert – wie früher der Rosenkranz oder Talisman. Das Internet schafft ein universales Bezugssystem und kann sogar zur normativen Kontrollinstanz werden, wenn es beispielsweise höchst individuelle Fitness- und Diätpläne kontrolliert. Es erfordert die Unterwerfung und Hingabe des Users und lässt ihm auf Dauer nichts Eigenes – sein „Ich" in Form seiner Daten wird übereignet und nicht selten durch die allmächtigen Algorithmen enteignet und wie ferngesteuert.

Der Kulturwissenschaftler Hartmut Böhme bemerkte: „Ich vermute, dass die religiösen Motive des Cyberspace dazu führen, die Welt ihrem Elend zu überlassen und Cyberspace als Möglichkeit der Weltflucht in eine Sphäre des Reinen anzubieten – jenseits des endlichen Leibes und der sterbenden Erde.“[54] Die Erfinder und Gestalter dieses Cyber-Paradieses hätten die Schaffung einer Welt des reinen Geistes im Blick und wollten ein Jenseits erschaffen, in dem die elende und heillose Irdischkeit überwunden werde. „Als technisches Medium spaltet es unseren traditionellen Welt-Begriff auf in zwei systematisch getrennte Sphären, die eine religiöse Gliederung von ‚Oben‘ und ‚Unten‘, von ‚Himmlischem‘ und ‚Irdischem‘, von ‚Unendlichem‘ und ‚Endlichem‘, von ‚Erhöhung‘ und ‚Erniedrigung‘ verbergen.“[55]

Wie umfassend und fortgeschritten die neue Macht des Künstlich-Technischen und der Datenströme ist, hat der israelische Historiker Yuval Noah Harari in seinem Buch „Homo Deus“ eindrücklich aufgezeigt. Darin wird deutlich, dass der gegenwärtig immer durchdringender werdende Einfluss des Internets nur die Spitze des Eisbergs einer neuen menschheitsgeschichtlichen Revolution ist: des Techno-Humanismus, der den vollständig technisch erfassten und designten Übermenschen (*homo deus)* anstrebe. Mithilfe von Gentechnik, Nanotechnologie und Schnittstellen zwischen Gehirn und Computer würde in den Forschungslaboren und High-Tech-Parks der Welt an den technischen Möglichkeiten dieses neuen Übermenschen gearbeitet. „Diese neuen Techno-Religionen lassen sich in zwei Haupttypen unterteilen: Techno-Humanismus und Datenreligion", so Harari.[56] Während der Techno-Humanismus an optimierten körperlichen und geistigen Fähigkeiten arbeite und Technologien entwickle, die den menschlichen Willen lenken und umgestalten und letztlich zu einem „Designerprodukt" machen, um umfassende Kontrolle zu erlangen, strebe der Dataismus nach dem „Internet aller Dinge", in dem sämtliche Datenströme und Algorithmen fließen und nach den jeweils optimalen Maßnahmen, Handlungen und Entscheidungen suchen. Das sei dann faktisch die neue globale Religion, die allen alten Religionen endgültig den Rang abgelaufen haben wird, so Harari. „Wenn das globale Datenverarbeitungssystem allwissend und allmächtig wird, wird die Verbindung mit dem System zum Quell allen Sinns. Die Menschen wollen im Datenfluss aufgehen, denn wenn sie Teil des Datenflusses sind, dann sind sie auch Teil von etwas Größerem als sie selbst."[57] Damit geschehe nach und nach die Verabschiedung des *homo sapiens*, der nur mehr als „ein obsoleter Algorithmus" erscheine, zugunsten des völlig technisierten *homo deus*. Einen der Unterschiede zwischen den Menschenbildern beschreibt Harari so: „Hatte der Humanismus befohlen: ‚Hör auf deine Gefühle', so verlangt der Dataismus nun: ‚Hör auf die Algorithmen! Sie wissen, wie du dich fühlst.'"[58] Dabei sei diese neue Datenmacht nie wirklich ergründbar und durchschaubar. Harari schreibt:

> „Doch die wirklich wichtigen Algorithmen – wie etwa der Suchalgorithmus von Google – werden von riesigen

> Teams entwickelt. Jeder Beteiligte versteht nur einen Teil des Puzzles, und niemand begreift den Algorithmus als Ganzen so richtig. Überdies entwickeln sich mit dem Aufkommen des maschinellen Lernens und künstlicher neuronaler Netzwerke immer mehr Algorithmen unabhängig, indem sie sich selbst verbessern und aus ihren eigenen Fehlern lernen. Sie analysieren astronomische Datenmengen, die kein Mensch je bewältigen könnte, und lernen, Muster zu erkennen und Strategien anzuwenden, die dem menschlichen Geist entgehen. Der Ausgangsalgorithmus mag zunächst von Menschen entwickelt worden sein, aber wenn er heranwächst, verfolgt er seinen eigenen Weg und geht dorthin, wo noch nie zuvor ein Mensch war – und wohin ihm kein Mensch folgen kann."[59]

Als möglichen Ausstieg aus dieser Entwicklung, die den Menschen am Ende zu Daten schrumpfe und in einem Datenstrom auflösen werde, fragt Harari, ob das Leben nicht mehr sei als Datenverarbeitung. Er sieht es als Aufgabe dieser Zeit an, sich irgendwie unabhängig zu machen von den freigesetzten nicht-bewussten und hochintelligenten Algorithmen und die Entkoppelung von Bewusstsein und Intelligenz nicht weiter zuzulassen.[60] Gerade für diese anstehende Herkulesaufgabe könnte die Besinnung auf wirkliche Religion und Spiritualität, deren wichtigstes Wesensmerkmal gerade die Anerkennung der Endlichkeit und Begrenztheit des Menschen ist, helfen. Damit wird daran erinnert, dass der Mensch nicht Gott ist, nicht ein *homo deus*. In der Markierung und Verteidigung dieser grundsätzlichen Unterscheidung und der damit verbundenen Grenzen wird ein menschlich zu nennendes Leben erst ermöglicht. Dieses erfüllt sich nicht in einer optimierten Maschinenhaftigkeit, sondern in Beziehungshaftigkeit, Begrenztheit, Liebe, Vertrauen. Das ist die ferne Erinnerung der alten Religion. Es könnte sein, dass diese Erinnerung heute nötiger denn je ist und die Stunde wirklicher Religiosität nicht vorbei, sondern gerade erst angebrochen ist.

Die Suche nach Ersatz: Fundamentalismus und Esoterik

Doch zunächst scheint erst einmal im verzweifelten Ankämpfen gegen die immer spürbarer werdende Leere die Stunde kurzschlüssiger Ersatzreligionen gekommen zu sein. Es hat sich gezeigt: Die Räumung des Himmels durch die Verabschiedung der Religion in der Moderne hat einen Preis. Das Leben ist möglicherweise freier geworden, wohl aber auch haltloser, fragwürdiger, unübersichtlicher und gefährdeter. Die Daseinsrisiken Krankheit, Katastrophe, Verlust und Tod sind mit modern-technologischen Mitteln zwar zum Teil abgemildert und kontrollierbarer, doch keineswegs zum Verschwinden gebracht worden. Hinzu kommen neue Risiken und Verunsicherungen in Gestalt wirtschaftlicher und sozialer Ausgrenzungsprozesse, ökologischer Krisen oder Zukunftsängste, Einsamkeit, Erschöpfung, Sinnverlust. Entkleidet von den uralten Resilienz- und Deutungsstrategien, mit denen die Religionen der Zerbrechlichkeit der menschlichen Existenz beizukommen versuchten, stochert der Mensch von heute im Nebel und versucht, die Leere zu füllen mit illustrem Ersatz. In die Lücke der verschwindenden Religion sind merkwürdige Phänomene gestoßen, die das offenbar unverzichtbare religiöse Deutungs- und Bewältigungspotenzial nutzbar zu machen versuchen. Sie erscheinen als verzerrte Wiedergänger der alten Religion. Neben den Restbeständen der alten Tradition in Gestalt der „Großkirchen" und einer weitverbreiteten religiösen Gleichgültigkeit kehrt die Religion heute vor allem mit dem Fundamentalismus und der Esoterik zurück. Diese scheinen passgenaue Angebote für die Befindlich- und Bedürftigkeit des metaphysisch und irdisch so verunsicherten Menschen der Moderne zu präsentieren: Entschiedenheit, Entschlossenheit, Eindeutigkeit wird im Fundamentalismus der verbreiteten Unübersichtlichkeit, Beliebigkeit und Entgrenzung entgegengesetzt – Wahrheit statt Unklarheit, Strenge statt Lauheit, Verbindlichkeit statt Flüchtigkeit.

Der Soziologe Martin Riesebrodt (1948–2014) verstand den Fundamentalismus als eine soziale Reaktion auf die spezifischen Risiken und Krisenerfahrungen der Moderne, wozu er unter anderem soziale Marginalisierungen, Abstiegsängste und Destabilisierungen von Partnerschafts- und Familienbeziehungen zählt. Bezeichnend für die meisten fundamentalistischen Bewegungen sei demnach die Errichtung eines patriarchalen, traditionellen, idealen und Heilsgewissheit stiftenden Milieus, mit dem die Risiken bewältigt werden sollen.[61]

Gerade die Unterwerfung unter eine patriarchale Ordnung ermögliche es dem Haltsuchenden, seinem Ausgeliefertsein an die anonymen Mächte des Marktes oder der Politik das Aufgehobensein in einem moralisch geordneten und personalistisch strukturierten Kulturmilieu entgegenzusetzen, so Riesebrodt. Bedrohliches werde dabei abgespalten durch Absonderung, Gleichförmigkeit und Heilsaussicht. Die Risiken der Moderne würden religiös handhabbar gemacht, indem eine alternative kognitive und moralische Ordnung sowie eine religiöse Praxis etabliert werde, in der der Einzelne den bedrohlichen anonymen Mächten entkomme – er muss sich nur der in dieser Gemeinschaft abgebildeten kontrollierenden Macht Gottes unterwerfen. Insofern schließen sich für Martin Riesebrodt Säkularisierung und das Aufkommen neuer religiöser Bewegungen nicht aus, sondern bedingen und ergänzen einander: denn diese stellen einen Bewältigungsversuch der Risiken der Säkularisierung dar.[62]

Ähnliches kann über den Esoterik-Boom gesagt werden, der jährlich enorme Umsätze generiert und so schillernde Phänomene wie Schamanismus oder Engel-Kommunikation umfasst. Ein entscheidendes Kennzeichen der Esoterik ist dabei ihre Marktförmigkeit. Als ein Hauptfeld in diesem Bereich kristallisiert sich die Suche nach Gesundheit und

Heilung heraus. Hier spielen neben alternativen Entspannungs-, Ernährungs- und Bewegungsmethoden vor allem der Glaube an verfügbare „universelle Lebenskraft“ oder Heilkraft eine Rolle, wie der Theologe Hans-Jürgen Ruppert bemerkt.[63] Die moderne Situation mache das individuelle Leben zum *Projekt* und führe damit auch zu einem „Optionenstress“ in Biografie und Alltag sowie zu mannigfaltigen Unsicherheiten, so der Theologe Michael Nüchtern in seinem Buch „Dauerwelle Esoterik“: „Das Ich im Optionenstress ist empfänglich für Angebote von Selbstvergewisserung, Stärkung, Anerkennung und Trost, das heißt, es sucht, findet und erfindet religiöse oder religionsartige Orientierungen.“[64]

Ähnlich wie beim Fundamentalismus sind es also auch hier gerade jene verunsichernden und destabilisierenden Entwicklungen der säkularen Moderne, die die traditionelle Religion verdrängen und gleichzeitig neue „religionsproduktive Sehnsüchte“ (Michael Nüchtern) freisetzen. Es ist – wie beim Fundamentalismus – die Sehnsucht nach einer heilen Gemeinschaft anstelle der anonymen Gesellschaft, die Sehnsucht nach Ermächtigung angesichts von Ohnmachtserfahrungen, die Sehnsucht nach dem Meister im gleich-gültigen Alltag und die Sehnsucht nach der einen, eindeutigen Lebenssicht in der unübersichtlichen Welt.[65]

Esoterische Angebote splitten sich dabei, Michael Nüchtern zufolge, auf in solche, die eine Verkindlichung fördern, indem sie Entlastung schaffen durch Minimierung der Optionen. Und solche, die als „spirituelles Doping“

eine Selbstoptimierung und Fitness versprechen im Angesicht der herausfordernden Optionenbewältigung. Auch die Esoterik stelle eine spezifische Reaktion auf Krisen und Erschütterungen der Alltagswelt dar, so Nüchtern:

> „Wo früher die Gemeinschaft angesichts von Verlust oder Neuanfang feste Formen bereitstellte, Nachbarschaft, Riten, die man vorfand und selbstverständlich akzeptierte, besteht heute für die Einzelnen die Aufgabe, ihren eigenen Umgang mit diesen Erfahrungen zu suchen und zu (er-)finden. Dieser neuen Nachfrage nach Lebensbewältigung und Krisenbewältigung bietet sich ein breites Angebot der Hilfen und Helfer an – religiös wie pseudoreligiös. Solche neuen religiösen Orientierungen sind der manchmal unglückliche und missglückte Versuch, lebensgeschichtliche Probleme zu kompensieren bzw. zu bewältigen.“[66]

Die Vereindeutigung der Welt als Leben ohne Gott

Zu diskutieren sind all diese Phänomene vor dem Hintergrund der überzeugenden Analyse des Publizisten und Islamwissenschaftlers Thomas Bauer, der eine im Gange befindliche umfassende *Vereindeutigung der Welt* diagnostiziert. Allerorten herrsche das Bestreben, die Vielfalt zu reduzieren und Mehrdeutigkeiten und Widersprüchlichkeiten zurückzudrängen, um einer Intoleranz gegenüber allem Uneindeutigen willen. Bauer beobachtet dies unter anderem an den herausstechenden Trends des religiösen Fundamentalismus und der auf Einförmigkeit und Konsumierbarkeit ausgerichteten Kunst- und Popmusikindustrie. In beidem, so Bauer, herrsche ein verhängnisvolles Streben nach absoluter Reinheit, radikaler Beseitigung alles Uneindeutigen, Unangepassten, Überkomplexen und Widersprüchlichen sowie die scharfe Verdrängung von Vielfalt. Daher seien der Ausschluss, die Vereinfachung, die Optimierung, die Effektivität und die Standardisierung die prägendsten Symptome unserer Zeit. Dies führe jedoch zu einer stark reduzierten Wirklichkeit, zu Künstlichkeit und Entfremdung. Schließlich drohe sogar das Ende des Menschseins zugunsten einer Künstlichen Intelligenz oder einer Verschmelzung von Mensch und Maschine. Bauer schreibt: „Meine These lautet nun, dass unsere Zeit eine Zeit geringer Ambiguitätstoleranz ist. In vielen Lebensbereichen – nicht nur in der Religion – erscheinen deshalb Angebote als attraktiv, die Erlösung von der unhintergehbaren Ambiguität der Welt versprechen."[67]

Freilich lassen sich Bauers Beobachtungen sehr einleuchtend nachweisen am religiösen Fundamentalismus oder auch am Populismus, deren Hauptziel die Beseitigung von Uneindeutigkeit sowie die Herstellung absoluter Reinheit sind: dass alles eindeutig sei, entweder ganz richtig oder ganz falsch, und ewig gültig.[68]

Doch tatsächlich, wenn auch etwas weniger offensichtlich, kann das Vereindeutigungsstreben an noch mehr Stellen beobachtet werden. Hängt nicht auch die breite Masse der Menschen insgeheim dem Fundamentalismus der Eindeutigkeit und Reinheit an, wenn sich kritiklos den Trends der Perfektion, der Selbstoptimierung und des Siegens hingegeben wird und damit auf ähnliche Weise wie die offen bekennenden Fundamentalisten die drei großen Merkmale des Fundamentalismus erfüllt werden, die Thomas Bauer beschrieben hat[69]: *Wahrheitsobsession* – der Totalitarismus der Eindimensionalität und Eindeutigkeit; *Geschichtsverneinung* – die Ablehnung komplexer und ambivalenter Annahmen über die eigene Herkunft und Prägung; *Reinheitsstreben* – die verbreitete Vergötterung von Perfektion und Potenz, Glätte und Glanz, Gesundheit und Fitness, Ich-Stärke und Identität, Sieg und Sicherheit.

Die Wahrheit des Fragments

Eine zeitgemäße heutige Religiosität jenseits der deformierenden pseudoreligiösen Spielarten des Kapitalismus, des Fundamentalismus, der esoterischen Ersatzreligionen oder anderer Vereindeutigungsbestrebungen könnte ein vollständigeres Bild des Menschen verteidigen, das seiner *ganzen* Wirklichkeit entspricht und alle Reduktionen und Vereindeutigungen übersteigt – gemäß der alten religiösen Erkenntnismaxime: Es gibt mehr als alles.

Eine mündig gewordene kritische Religiosität überwindet nicht nur die falschen Eindeutigkeiten der eigenen religiösen Tradition, die Festlegungen auf absolute Wahrheiten und das Streben nach radikaler Reinheit und Ausgrenzung von Abweichendem. Sie widerspricht auch den neuartigen Totalitarismen in weltlichen Gewändern. Eine moderne und kritische Religiosität hat die falschen Eindeutigkeiten hinter sich gelassen und ist offen geworden für die ganze Wirklichkeit, die erst *mit* all ihren Widersprüchen, Unschärfen, Übergängen, wechselseitigen Durchdringungen, Komplexitäten angemessen beschrieben ist. Eine zeitgemäße kritische Religiosität stellt alle falschen religiösen wie säkularen Absolutsetzungen und totalitären Annahmen infrage, weil diese – so unscheinbar sie auch auf den ersten Blick daherkommen mögen – immer wesentliche Aspekte des Menschseins unterdrücken und beseitigen wollen und den Menschen damit potenziell beschädigen und deformieren.

Auch aus alten biblischen Erinnerungen speist sich dieser „heilige" Widerspruch gegen totalitäre Ansprüche eines vereindeutigten, perfektionierten, optimierten Lebens. Denn Leben steht biblisch gesehen in all seinen Dimensionen – auch in seinem Scheitern, Schwachsein, Kranksein, Bedürftigsein, in seiner Brüchigkeit, Widersprüchlichkeit und Fragmentarität – unter der *Gnade Gottes*, unter der alle und alles umfassenden göttlichen Macht der Liebe.

Den harten Grenzziehungen setzt die kritische religiöse Perspektive eine Existenz *zwischen* den Grenzen entgegen und ist offen für Neues und Anderes. Eine moderne Religiosität öffnet jene Räume, die von einer rein kapitalistischen

Egozentrik verschlossen wurden. Aller Enge und Angst stellt sie eine Weite entgegen, von der sie einen Begriff hat, weil sie auf der Schwelle steht: zwischen dem Hiesigen und dem sich entziehenden größeren Ganzen im Hintergrund der Welt. Diese Weite und dieses prinzipielle Ausgerichtetsein auf das ganz Andere wird von einer *Religiosität der weiten Herzen* erinnert und verteidigt. Sie stiftet damit an zu Denk- und Lebensbewegungen, die ins Offene führen – heraus aus den Gefängniszellen festgefügter Bahnen und eindeutiger Reduktionen.

Religiosität könnte heute also den unperfekten Menschen verteidigen, der wie zu allen Zeiten unvollständig und fragmentarisch ist und bleibt – unzulänglich, unfertig, widersprüchlich, unheil, unauslotbar. Eine religiöse Perspektive taucht dieses ganze Menschsein in ein anderes Licht und erkennt es als auf ein Göttliches bezogen – ein Göttliches, das nicht als verlängerter Perfektionswunsch oder als totale Fernsteuerung missverstanden, sondern als größerer Raum des Ganzwerdens entdeckt wird, in dem auch alles Andersartige und Abweichende des Menschen vertreten ist. Der Theologe Henning Luther hat diese Religiosität, die aus der Fragmentarität des menschlichen Daseins erwächst, einmal so beschrieben:

> „Fragmente – seien es die Ruinen der Vergangenheit, seien es die Fragmente aus Zukunft – weisen über sich hinaus. Sie leben und wirken in Spannung zu jener Ganzheit, die sie nicht sind und nicht darstellen, auf

die hin aber der Betrachter sie zu ergänzen trachtet. Fragmente lassen Ganzheit suchen, die sie selber nicht bieten und finden lassen."[70]

Der Mensch ist dabei nicht nur im Blick auf seinen künftigen Tod ein von Bruchstückhaftigkeit Gezeichneter, sondern auch im Blick auf seine Vergangenheit, die eine Geschichte des Verlierens und Aufgebens darstellt. Aufgegeben werden müssen die elementaren familiären Bindungen im Prozess des Reifens. Die Bezugspersonen, Zugehörigkeiten und Möglichkeiten müssen immer wieder verlorengegeben werden. Henning Luther beschreibt das so:

> „Wir sind immer zugleich auch gleichsam Ruinen unserer Vergangenheit, Fragmente zerbrochener Hoffnungen, verronnener Lebenswünsche, verworfener Möglichkeiten, vertaner und verspielter Chancen. Wir sind Ruinen aufgrund unseres Versagens und unserer Schuld ebenso wie aufgrund zugefügter Verletzungen und erlittener und widerfahrener Verluste und Niederlagen. Dies ist der Schmerz des Fragments."[71]

Eine Perspektive der Transzendenz ermöglicht, das fragmentierte Dasein positiv zu deuten. Das heißt: Der Mensch muss seine Identität, sein Ganz-Werden nicht selbst leisten. Das Heil bleibt dem Göttlichen überlassen. Bis zur Vollendung durch das Göttliche darf und muss die Fragmentarität vertrauend angenommen werden – gemäß der biblischen Einsicht: „Es ist noch nicht erschienen, was wir sein werden“ (1. Johannes 3,2).

Heutiges *Glauben* könnte heißen, sich in seiner ganzen Fragmentarität in den Raum des Göttlichen zu stellen, nichts zu verdrängen und nichts zu verleugnen, alle Gebrochenheits-, Beschädigungs-, Zerissenheits- und Versagenserfahrungen um Gottes willen gelten zu lassen und sie in diese größere Wirklichkeit einzuzeichnen. Allein damit, so scheint es, kann dem grassierenden Zwang zur Perfektion, zum Siegenmüssen, zum Idealsein etwas entgegengehalten werden. Heutige Gläubigkeit stellt das ganze Leben und das ganze Leiden hinein in eine göttliche Perspektive und erhält dadurch eine Offenheit für *das Andere* der Existenz, das – auch kraft biblischer Bilder wie Kreuz und Auferstehung – als entgegenkommende Vollendung und Heilung vorgestellt werden darf. Aber eben als eine *göttliche* Vollendung – etwas, das jenseits eigener Macht und Möglichkeit und Leistung liegt. Somit kann aus gläubiger Sicht gesagt werden: „Im Fragment ist die Ganzheit gerade als abwesende auch anwesend. Darum ist sie immer auch Verkörperung von Hoffnung.“[72]

Ein zeitgemäßer Gottesglauben, gespeist aus den Quellen der alten Religionen, aber nicht mehr gekettet an eine institutionalisierte Religion, hat ein altes Wort zu verteidigen, indem versucht wird, es zu leben: *Gnade*. Denn sonst ist es bald aus mit dem Menschen.

3. Der Tod

Bildersuche an der Grenze

Ein wesentlicher Antrieb, über das Hiesige und sich selbst hinauszufragen, ist der Umgang mit dem Problem des Todes. Es gehört zu den unausweichlichen Grundtatsachen des menschlichen Lebens, dass es endet. Und dass sich der Mensch in der Regel dessen bewusst ist. Es ist so, wie es Wilhelm Dilthey einmal gesagt hat: dass das Verhältnis, welches am tiefsten und allgemeinsten das Gefühl unseres Daseins bestimmt, das des Lebens zum Tode sei.[73] Die Bewältigung dieses Wissens um das eigene Ende dürfte als die größte existenzielle Herausforderung des Menschen angesehen werden. Der Tod als Daseinsdämon des Menschen – er steht für das Unwägbare und das letztendliche Ausgeliefertsein der Existenz. Diese tief sitzende Verunsicherung lässt den Menschen wohl nie gänzlich bei sich selbst zu Hause sein, ihn vielmehr suchen nach Erlösungen. Die Dichterin Nelly Sachs hat das einmal in einem Brief so ausgedrückt: „Ich leide an der furchtbaren Pfeilspitze der Sehnsucht, die uns von Anbeginn zu Tode trifft und die uns stößt, außerhalb zu suchen, dort, wo die Unsicherheit zu spüren beginnt.“[74]

Es scheint der Preis der Freiheit des Menschen zu sein, dass er sich seines Endes bewusst ist und auf seine ungewisse Zukunft ausgreifen kann. Er ist und bleibt das „noch nicht festgestellte Tier", das nicht leben kann wie die nichtmenschlichen Tiere: kurz angebunden an den „Pflock des Augenblicks" (Friedrich Nietzsche). Die menschliche Existenz ist geprägt von einer Abschiedlichkeit – einer Erfahrung, dass nichts, was ist, bleibt und dass dem Verlust nicht zu entkommen ist. Der Mensch ist zwangsläufig ein „Fortgehender", der „auf dem letzten Hügel, der ihm ganz sein Tal / noch einmal zeigt, sich wendet, anhält, weilt –, / so leben wir und nehmen Abschied" (8. Duineser Elegie).[75]

Ist der Zeitpunkt noch zu bestimmen, da der Tod in das Bewusstsein des Menschen trat und ihn damit auf eine neue Stufe des Menschseins führte? Der Steinzeitforscher Hermann Müller-Karpe geht davon aus, dass die Entwicklung des Bewusstseins einer eigenen Personalität beim Menschen in der Altsteinzeit einherging mit der bewussten Auseinandersetzung mit dem Tod. Erste Spuren von Begräbnisriten aus dem Mittelpaläolithikum sprächen dafür, dass zu dieser Zeit die Endlichkeit des Menschen ins Bewusstsein drang und eine Bewältigung erforderte. Es sei damals begonnen worden, den Tod einzurahmen und einzuhegen durch Riten, Gräber und Grabbeigaben. Der Tod und sein bewusstes Erleben stellten plötzlich keine Selbstverständlichkeit mehr dar, sondern ein psychisches Problem, das einer Lösung bedurfte. Man suchte sie in einer religiös-rituellen Einhegung. Diese Integration des Sterbens und des Todes in das Bewusstsein und die Ausbildung einer Haltung dem Tod und den Toten gegenüber seien Müller-Karpe zufolge der Entstehungsantrieb für die Religion gewesen. Denn damals sei eine geistige Dimension in das Leben des Menschen hinzugetreten, die sich an Vorstellungen über ein „Danach“ des Todes anknüpfte. Dieses ahnende Innewerden dessen, was Ewigkeit genannt werden kann, „wurzelt in menschlichen Bewusstseinstiefen, die ursprünglicher sind als die Entfaltung eines rationalen Intellekts“[76].

Aufgrund dieses engen und ursprünglichen Zusammenhangs zwischen Todesbewältigung und Religion verursacht die Emanzipation von der Religion im Zuge der Aufklärung durchaus ein Problem. Denn was setzt der mündig und selbstbestimmt gewordene Einzelne seinem Tod und dem der anderen entgegen? Indem alle metaphysischen Existenzabsicherungen auf den Prüfstand gekommen sind – und nicht selten verabschiedet wurden –, steht der Mensch plötzlich wieder nackt und gleichsam ungerüstet vor der Frage seines Todes. Er ist gefordert, neue Bewältigungen des Wissens um seine Endlichkeit zu finden – der Stoff, aus dem die Kunst und Philosophien der Moderne gemacht sind.

Tod und Trost neu denken – Sören Kierkegaard und Hans Blumenberg

Es spricht einiges für die Vermutung, dass insbesondere die Existenzphilosophie in diese durch den Verlust der Religion entstandene Lücke getreten ist. Sie geht nicht von ungefähr auf einen religiösen Denker zurück – den dänischen Religionsphilosophen Sören Kierkegaard (1813–1855), dem mit beispielloser Kreativität eine Transformation religiöser Gehalte in seine Gegenwart gelang. Er eröffnete dem Menschen, der sich seiner Situation als Einzelner bewusst geworden ist, einen neuen Verstehenszugang, der präzise auf der Höhe der Zeit, also kompatibel mit dem Freiheitsanspruch des Menschen war – und gleichzeitig das Substrat der religiösen Tradition in eine neue Form überführte. Damit hat Kierkegaard einen wesentlichen Baustein auch für die Möglichkeit einer Religiosität im 21. Jahrhundert gelegt.

Kierkegaard hatte sich vor allem die Frage gestellt, wie der moderne Mensch einen integrierenden Umgang mit seinem Tod und Endlichkeitsbewusstsein finden könnte. Denn er machte als einen Grund für die tief sitzende Angst des Menschen dessen Bewusstsein aus, in einem offenen Zeithorizont leben zu müssen. Er betrachtete es einerseits als die Freiheit des Menschen, dass er sich auch zu Ewigem aufschwingen könne – und andererseits als seinen Fluch. Denn diese Freiheit könne ihn auch in die Angst vor dem großen Nichts stürzen. Diese Angst, so Kierkegaard, schneide den Menschen ab von seinem transzendenten Teil und lasse ihn sich klammern an das Diesseits, an die reine Endlichkeit: im Ausschöpfen der begrenzten Frist soll dann die Todgeweihtheit verdrängt werden. Der Ausweg aus dieser existenziellen Verzweiflung liegt für Kierkegaard in einer religiösen Existenz, die den Menschen letztendlich erst zu dem mache, der er eigentlich sei: nämlich eine Synthese aus „Zeitlichem und Ewigem". Verzweiflung und Angst vor dem Tod wurzeln für Kierkegaard in der Gottvergessenheit. Die Qual des Verzweifelten bestehe darin, nicht sterben zu können, und letztlich darin, „dass er sich selber nicht loswerden kann".[77]

Damit hat Kierkegaard ein Grundproblem des Menschen in der Moderne scharfsichtig analysiert: In dem Maße nämlich, in dem der Mensch durch die rationale Selbstermächtigung und den rasanten technischen Fortschritt sein Leben und die Geschichte in die eigenen Hände nimmt, sich selbst genug ist und sein Heil im Diesseits sucht, bekommt die einst religiös gezähmte Todesproblematik eine neue Virulenz. Die Freiheit des Menschen ist nicht mehr metaphysisch gehalten und verwandelt sich in ein Freigesetztsein, das ein großes Angstpotenzial birgt.

Der Tod steht wieder mitten im Leben als die große Negation – so monströs und bedrohlich wie nie zuvor. Der leer gefegte Himmel führt zu einer Überbeanspruchung der Erde. Es wird der Preis deutlich, den die Verabschiedung der Götter zugunsten der Selbstbestimmung des Menschen hat: eine neue und gesteigerte Angst vor dem Tod.

Als einzig möglichen Ausweg postulierte Kierkegaard das Einlassen auf die „Doppelbewegung des Glaubens": dass der Mensch seine ihm eigene Freiheit dafür nutze, die göttliche Perspektive des Ewigen einzunehmen und sich kraft des unendlichen Gottes im Endlichen als Teil des Unendlichen begreife. Somit entstehe die einzig wirkliche Daseinsberuhigung: „Der *Glaubende* sieht und versteht, menschlich gesprochen, seinen Untergang …, aber er glaubt. Deshalb geht er nicht unter."[78] Freilich ist dafür der Sprung notwendig: von der Angst in den Glauben.

Auf der Suche nach Möglichkeiten religiöser Bewältigungsversuche des Todesbewusstseins im 21. Jahrhundert, stößt man bei dem Philosophen Hans Blumenberg (1920–1996) auf überraschende Denkanstöße. Die Grundsituation des Menschen beschreibt er als eine Mangelsituation: Angesichts seines Ausgeliefertseins an den Tod und seines Wissens darum sei der Mensch ein „trostbedürftiges Wesen"[79]. Der Tod lege über das ganze Leben eine große Ungewissheit und mache den Menschen zu einem Verlierenden. „Es scheint, dass der Mensch nichts endgültig gewinnen kann und sich versichern kann. Er existiert auf unzureichendem Grunde."[80]

Trost sei angesichts dieses Bewusstseins schwierig. Denn niemals lasse sich der Mensch darüber trösten, dass er sterben muss.[81] Einzig sei es möglich, das eigene Leiden am Todesbewusstsein zu delegieren und auf Abstand zu bringen – im Trost. Dieser bewirke, dass der Mensch zu seinem Leiden auf Distanz gehen und es gewissermaßen abwälzen kann auf ein Anderes. Doch wie kann diese Delegation des Leidens, wie kann dieser Trost gelingen? Laut Blumenberg durch die Hinzuziehung der Fantasie zum Realitätsprinzip – durch die Nutzung der imaginativen Fähigkeiten, mit deren Hilfe Entlastung durch Vermeidung von Bewusstheit geschaffen werden kann.[82] Es gehe um die Möglichkeit, in einem inneren Vorstellungsraum über die Mängel und

Begrenztheiten der vorfindlichen Realität hinauszugreifen und eine Aufhebung der Endlichkeit von der Zukunft zu erwarten. Dies gelinge durch das, was Blumenberg „Rhetorik“ nennt: die Kunst, wozu er vor allem auch die literarischen und musikalischen Kunstwerke wie zum Beispiel die Matthäuspassion Johann Sebastian Bachs zählt. Dabei gehe es nicht einfach um einen Sprung in die Illusion, sondern zunächst um das Wahrnehmen des dem Menschen auferlegten Leidens am Leben. Dieses verdichte sich in der Wiedergabe der Kreuzigungsszene in der Matthäuspassion: „Nun schrie es wirklich und wahrhaftig zum Himmel, was die Welt anzurichten eingerichtet war.“[83]

Blumenberg liest aus der Bach'schen Matthäuspassion das prinzipielle Drama des Menschen heraus, das darin bestehe, als Mensch abgeschnitten zu sein von Gott, von der Ewigkeit, von der Allmacht – und entlassen zu sein in die Welt der Sorge und Endlichkeit. Das sei nichts weniger als ein „Scheitern der Schöpfung“[84]. Die *Sorge* erscheint als das Joch des Menschen. Seine Todesanfälligkeit schneidet ihn von der Zugehörigkeit zum Göttlichen ab – als Todgeweihter ist er unendlich weit entfernt vom Ewigen.

Doch die Matthäuspassion zeige im Nachvollziehen des biblischen Erlösungsdramas einen Ausweg aus der Sorge und Gottesferne des Menschen: die Menschwerdung Gottes. Gott selbst überwinde in Christus den Riss der Schöpfung und belade sich mit der Last der Welt und der Menschen, um die ausweglose Todverfallenheit aufzuheben.[85] Gerade durch diese Verstrickung Gottes in die Welt und das „todbegrenzte Lebensschicksal" der Menschen eröffne sich die Möglichkeit einer Wiedervereinigung Gottes mit seinen Geschöpfen.[86] In diesem großen Erlösungsbild des christlichen Inkarnationsgeschehens sucht Blumenberg den Trost, den der Mensch im Angesicht seines Todes und seiner Sorge so dringend bedarf. Die Vorstellung von der Menschwerdung Gottes scheint für ihn – gerade in der Gestalt der Bach'schen Kunst – die vollendetste und tiefste Form der delegierenden Tröstungen des Menschen zu sein. Eben weil der Trost nicht einfach in Form von Ablenkung oder reiner Illusionsbildung eine Realitätsabmilderung schafft, sondern weil das, worüber eigentlich nicht zu trösten ist – die Todverfallenheit und Gottferne des Menschen –, in die Mitte gerückt wird: im Kreuz. Damit erhält diese Realität einen Ausdruck und durch die Einbettung in das göttliche Erlösungsdrama auch eine Verwandlung: der Todesriss der Schöpfung wird geheilt.

Hier springt gleichsam noch einmal ein Funke über aus einer Zeit, da dieser religiöse Trost noch unhinterfragt gültig war. In der Vermittlung des Bach'schen Kunstwerks weht den modernen Menschen noch eine Ahnung längst verloren geglaubter Gewissheiten an: dass Gott im Tod ist und den Menschen dort aus seiner Not herausreißt – „kraft seiner Angst und Pein", wie es im Choral der Matthäuspassion heißt. Der Tod ist fortan als ein Ort qualifiziert, der nicht mehr Gott widerlegt, sondern von Gott erwählt wurde als Ort seines Mit-Seins. Auch am äußersten Punkt seiner Existenz ist der Mensch nicht verlassen.

Was Hans Blumenberg hier auf seine Weise ins Recht setzt, ist die bleibende Gültigkeit und Notwendigkeit des *Mythos*. Er scheint zu ahnen, dass auch der moderne Mensch nicht gänzlich ohne den Ausgriff auf das Mythische zu leben vermag. Denn die Daseinsrisiken sind zu groß, als dass sie allein kraft der Ratio zu bewältigen wären. Er ahnt, dass dem Menschen etwas fehlt, wenn er alle Götter verabschiedet hat und allein der Vernunft vertraut. Der Mensch könnte damit auf dem Holzweg sein, wie Blumenberg mit folgender Beobachtung andeuten will: „Mit Descartes geriet die Neuzeit auf ihre Bahn: mit der halben Gewissheit, durch Wissen alles erreichen zu können, und der halben Ungewissheit, am Ende dem ganz großen Trug zu erliegen."[87]

In einer durchrationalisierten und entzauberten Welt betont Blumenberg die bleibende Bedeutung des Mythischen: „Der Blick auf die Wirklichkeit leidet unter dem Hintergedanken des Betrachters, ihr Aufwand an Gedränge, Lärm und Qual sei zu groß, als dass nicht an Ersatz gedacht werden müsste."[88] Blumenberg fasst diesen Ersatz unter den Begriff der „Rhetorik" – insbesondere der Kunst der Sprache. Er glaubt daran, dass die Sprache Wirklichkeit setzen und verändern kann, dass Sprache und Fantasie gewissermaßen erlösen können von einer eindimensional und einengend gewordenen Realität. Er glaubt an die Kraft der Metaphern und Symbole, der Kunst und der Musik.

Bereitung für den Übergang: Das letzte Bild

Letztlich muss sich auch eine Religiosität im 21. Jahrhundert, die viele Formen und Inhalte traditioneller Religion abgestreift hat und neue Wege und Weisen versucht, daran messen lassen, wie sie die Tatsache des Sterbenmüssens bewältigt – und welche mythischen Potenziale sie zu entfalten vermag. Die Kunst erscheint dabei als ein aussichtsreicher Weg, den modernen Menschen in einen Dialog mit seiner letzten Grenze und ihren möglichen Überschreitungen zu bringen.

Der Künstler Christoph Schlingensief (1960–2010) hat in seinem Krebstagebuch „So schön wie hier kanns im Himmel gar nicht sein" den Gedanken geäußert, man müsste an einem inneren Bild für seine letzte Stunde arbeiten, mit dessen Hilfe man hinübergelangt aus diesem Leben in das unnennbare Jenseits des Lebens.[89] Solche Einübungen in das Sterben sind dem modernen Menschen weitgehend abhandengekommen. Mit der Erosion der traditionellen Religion ist auch das alte Wissen verloren gegangen, wie man das Sterben gestalten und sein Leben gut loslassen kann. Dabei könnten „letzte Bilder" viel bewirken. Denn es scheint so zu sein, wie Christa Wolf ihre Kassandrafigur sagen lässt: „Das Letzte wird ein Bild sein, kein Wort. Vor den Bildern sterben die Wörter."[90]

Die *ars moriendi* der religiösen Tradition hatte viel mit „letzten Bildern" zu tun, in die der sterbende Gläubige „einsteigen" und denen er sich überlassen sollte. Martin Luther beispielsweise hat in seinem „Sermon von der Bereitung zum Sterben" für die letzte Stunde die volle Konzentration auf das Bild des sieghaften Christus empfohlen. Denn alle eigenen Bilder seien zu schwach, um der im Sterben anflutenden Angst standzuhalten. Einzig die Ein-Bildung des Bildes Christi, der über Sünde, Tod und Hölle triumphiert, ermögliche das Loslassen und den Durchbruch. „Je tiefer und fester du dir dieses Bild einprägst und ansiehst, umso mehr fällt das Bild des Todes ab und verschwindet von selbst (...)", so Luther im 10. Artikel des Sermons.[91] Und im 12. Artikel heißt es: „Suche dich allein in Christus und nicht in dir, dann wirst du dich ewig in ihm finden." Christus habe stellvertretend für den In-Christus-Sterbenden die Sünde erwürgt und die Hölle besiegt, den Tod in ewiges Leben verwandelt. Es gelte nur, in diese Christus-Bewegung einzusteigen und mit Christus und in Christus beruhigt zu sterben.[92]

Jedoch scheint es heute den meisten Menschen beinahe unmöglich, eine solch traditionelle, christuszentrierte *ars moriendi* zu praktizieren. Aber der Vorgang, den Luther beschreibt und von dem sich womöglich auch viel in Blumenbergs Überlegungen zur „Rhetorik" als Tröstungs- und Transformationsvorgang in Bezug auf das Todesproblem wiederfindet, könnte heute durchaus wieder fruchtbar gemacht werden: indem erkannt wird, dass es einer Arbeit an inneren Bildern bedarf, die sich nach dem Fremd-Transzendenten ausstrecken. So könnte mental ein Loslassen des eigenen Selbst befördert werden, ein Sich-Anvertrauen der jenseitigen Bewegung, die an einem wirken wird. Einen solchen Versuch hat beispielsweise die schweizerische Dichterin und Ordensschwester Silja Walter (1919–2011) in ihrer Lyrik unternommen. Unter der Überschrift „Rühr dich nicht" dichtete sie:

> „Rühr dich nicht, / solange die Auferstehung / hinter den Fliederbüschen / steht, / auch wenn der Garten / Feuer fängt, / weil der Himmel / ausfließt / aus ihrem zerrissenen Herzen. // Rühr dich nicht, / wenn sie zu dir herauskommt. / Nichts verbrennt / als dein Tod."[93]

Die moderne Kunst hat Bilder, die als „letzte Bilder" gelten könnten, hervorgebracht. Ähnlich der modernen Lyrik eröffnet sie dabei neue Räume für die Begegnung mit dem Transzendent-Anderen, um dabei vielleicht auch einen annehmenden Umgang mit dem Sterbeprozess zu ermöglichen.

Am eindrücklichsten ist das wohl Paul Klee (1879–1940) mit seinen berühmt gewordenen Engelbildern gelungen.[94] Diese in der Moderne eigentlich verabschiedet geglaubten göttlichen Himmelswesen gewannen für Klee im Schaffen seiner letzten Lebensjahre immer größere Bedeutung. Es sind schemenhafte Gestalten einer anderen Welt, die ihre Bannkraft gerade durch ihre Unfertigkeit und Unförmigkeit erzeugen. Oft mit übergroßem Kopf und in sich verschlungener Gestalt dargestellt, wirken sie wie Embryos, wie Wesen im Werden – Schemen einer

Welt, deren Anblick üblicherweise entzogen ist. Paul Klees Engel ragen fremdartig hinein in die irdische Sphäre. Sie sind Rätselwesen, Zwischenwesen mit menschlichen und „englischen“ Zügen. Sie künden von etwas, das eigentlich gar nicht übersetzbar ist in die irdische Sprach- und Bilderwelt. Deshalb wirken sie so schräg und schief, so merkwürdig unklar – eine Ahnung mehr denn eine Aussage, ähnlich einem Kinderbild. Und dies ist vielleicht der größte Adel, der Klees Engelbildern zukommen kann: dass sie kindlich sind. Dass sie voll Staunen sind, voll Beben und Wogen zwischen den Welten.

Klees Engel sind grobe Skizzen und müssen es bleiben, da sie nur Hindurchgeschimmertes aus der „Anderwelt“ (Christian Lehnert) abbilden. Im festen Zugriff eines formvollendeten Gemäldes würden die Engel ihrer jenseitigen Dimension entkleidet. So aber sind sie wie der Blick in einen dunklen Spiegel, der nur ein rätselhaftes Bild zu erkennen gibt. Aber er gibt etwas zu erkennen: Striche und Umrisse, Linien und Gesten. Allein dieser torsohafte Ausgriff kann etwas von jenem transzendierenden Raum erzeugen, den Blumenberg für den trostbedürftigen Menschen als notwendig erachtete. Der Betrachter wird einer Wirklichkeit ansichtig, die ihm sonst entzogen ist. Er weiß sich plötzlich umgeben von höheren Mächten.

Die meisten der Engelbilder sind bezeichnenderweise in Klees letzten Lebensjahren zwischen 1938 und 1940 entstanden – einer Zeit schwerer Krankheit, als er dem Tod näher war als dem Leben. Sie sind gemalt mit Furcht und

Zittern, aus der Grenzerfahrung seiner Krankheit heraus. Diese Engel zeugen von einem intensiven Dialog mit dem Göttlichen und entströmen leisen Trost. Ein Bild heißt „Engel, noch tastend“ und ist 1939 im fortgeschrittenen Krankheitsstadium geschaffen worden. Der Engel – halb Mensch, halb Himmelswesen – bahnt sich einen Weg durch den Sturm, durch den Schmerz, durch den Zweifel. Im Bild „Engel vom Kreuz“ (1940) blickt ein Engel leer und leidend gen Himmel, stumm und gezeichnet, eingespannt in das dunkle Wirken großer Mächte. Und im Bild „Letzter Erdenschritt“ (1939) scheint es, als ginge ein Engel voran auf der Lebensbahn, auch beim Überschreiten der Schwelle des Todes – ein entschlossener und schwebender, angstfreier Überstieg. In dieser Form erinnern die Engelbilder Paul Klees an Gebete, die die Mächte Gottes heraufbeschwören, nicht wissend, ob sie aus menschlicher Sicht gut oder böse sind, aber sich ihnen anvertrauend, um gezogen zu werden hinaus aus der erdenschweren Einsamkeit – und hinein in die Schwebe des großen Ganzen. Paul Klee hält seine ganze Zerrissenheit, seine Angst, seine Zweifel hinein in das Reich der Engel, gleichsam flehend um Schutz und Begleitung, bittend um Führung.

Im Grunde spricht aus diesen Bildern der Glaube, dass der Mensch selbst den Engeln nicht so fern ist und er selbst die Züge eines Engels trägt – Nachhall oder Vorgriff eines verwandelten Seins.

Noli me tangere: Hoffen im Modus der Unschärfe

Das traditionell-religiöse wie modern-künstlerische Unterfangen einer Annäherung an die Todesgrenze bleibt allerdings heikel. Denn wenn das Unfassbare des Jenseitigen zu sehr fassbar würde, verlöre es seinen transzendentalen Charakter, mithin seine Erlösungskraft. Es wäre eingemeindet in Hiesiges. Deshalb müssen alle Bilder von der anderen Wirklichkeit des Todesjenseits notwendigerweise unklar, gebrochen, paradox, fremd und indirekt bleiben. Dem wird bezeichnenderweise ein modernes Stilmittel der Kunst gerecht: die Unschärfe. Der Kulturwissenschaftler Wolfgang Ullrich hat gezeigt, welch hohe Bedeutung die Unschärfe in der Kunst der vergangenen 200 Jahre gewonnen hat und wie sehr damit die Annäherung an das Geheimnisvolle, Unfassbare und Unverrechenbare des Lebens neue Gestalt erhielt.

Ullrich zeigt, wie die Unschärfe in der Malerei der Romantik als verschwimmender Fernblick entstanden ist und zu einer Art „Gegenblick" zum modernen analytisch-kühlen Blick wurde – als eine „Opposition zu einem instrumentellen Zugriff auf die Natur"[95]. Seither brach sich die Unschärfe als Stilmittel in der Malerei und auch in der Fotografie immer stärker Bahn, um einen anderen, tieferen Blick zu kultivieren als den gewohnten, oberflächlich-scharfen Blick. „Es war eine Sehnsucht nach dem Unbegrenzten und die Faszination, Bedeutungen zu folgen, die in geheimnisvoll-entzogene Tiefen führen, was Symbolisten und Okkultisten, Rembrandt-Jünger und Fotografen der ‚unscharfen Richtung' zur Zeit der Jahrhundertwende miteinander verband. Sie alle waren einer klar definierten Zivilisation überdrüssig oder erkannten darin sogar eine Bedrohung für die irrationalen, spirituellen, religiösen Kräfte."[96] Der weiche Blick in die Ferne wurde als eine Vorschule der Transzendenz verstanden in dem Sinne, dass das Unbestimmte als der Weg zum Unendlichen angesehen wurde. Diese Kunst der unscharfen Bilder führte schließlich in abstrakte Bildsprachen, die zum Ort von Protest und Utopie wurden.[97]

Auch in der Literatur ist die Unschärfe zu einem Darstellungsmittel geworden, wie der Literaturwissenschaftler Christian Metz bemerkte.[98] Die „Poetik der Unschärfe" gehe auf den Evangelisten Johannes zurück, der in seinem Bericht von der Auferstehung Jesu gezielt mit Unschärfen gearbeitet habe, um damit eine angemessene Annäherung an das unbegreifbare Mysterium der Auferstehung zu ermöglichen, so Metz. Indem im Johannesevangelium den Augenzeugen der Auferstehung Jesu konsequent nur unscharfe Wahrnehmungen möglich sind, werde ein Ereignis begreiflich gemacht, das die menschliche Auffassungsgabe überschreite, so Metz: „Johannes' Ostererzählung findet mit ihrer Poetik der Unschärfe eine Form, mit der sich der Erlebnis- und Erkenntnis-Riss dennoch in Sprache fassen lässt."[99] Ein glaubwürdiges Zeugnis von der Auferstehung kann demnach nur im Modus der Unschärfe abgelegt werden – aussagbar ist nur die *Folge* des Ereignisses: die Irritation gewohnter Sichtweisen, die zum Beginn einer verwandelnden Bewegung wird.

Maria Magdalenas unscharfer Blick begründe damit nicht nur ihren Glauben, sondern eine ganze Glaubensgemeinschaft, die sich – bis heute – als *Unschärfegemeinschaft* konstituieren muss. Der Leser des Evangeliums habe nur das unscharfe Zeugnis einer Frau hinter Tränenschleiern und muss darauf seinen ganzen Glauben stützen. Es ist und bleibt eben das Gesetz des Irdischen, die *conditio humana*: Noli me tangere / Berühre mich nicht. Die Gebrochenheit, Unklarheit, Vieldeutigkeit und Rätselhaftigkeit ist die Weise des Erscheinens des Göttlichen in dieser Welt. Dem versucht etwa der Dichter Christian Lehnert nahezukommen, wenn er schreibt, dass im Tod ein „Verschwimmen mit der Gottheit" geschehe.[100] Oder Tomas Tranströmer: „Ich muss über die dunkle / Schwelle steigen. / (...) Bis das Licht mich einholte / und die Zeit zusammenfaltete."[101]

Offenheit für das Andere: Bernhard Waldenfels

Von philosophischer Seite versucht sich Bernhard Waldenfels jenem Mysterium des unauslotbaren Todes zu nähern, indem er sich dem Bild der Grenze und der Schwelle denkerisch nähert. Gegen eine substantivisch verfestigte Rede von der Transzendenz betont er den *Bewegungscharakter* der Selbstüberschreitung, die zum Menschsein dazugehöre. Das *Andere* der eigenen Ordnung zeige sich oft in Fremdheitserfahrungen, als etwas, das die eigenen Möglichkeiten übersteigt und nur ausgehalten werden könne – etwa bei der eigenen Geburt oder den Prägungen durch die Familie oder beim Sterben. Der Mensch sei, so Waldenfels, nicht nur durch den *Logos*, die Vernunftmöglichkeiten geprägt, sondern gleichermaßen auch durch das *Pathos:* dass einem immer wieder etwas widerfährt, auf das man *antworten* muss. Die Aufgabe des Menschen ist es, seinen spezifischen Ort auf der Grenze zu meistern, wo ihm immer wieder Fremdes und Unmögliches vom Jenseits der Grenze der eigenen Ordnung begegnet. In diesen Grenzsituationen muss die „unmögliche Rede", das *Paradox* versucht werden, um das Fremde im Eigenen und das Eigene im Fremden aufzudecken.[102]

Waldenfels nimmt also eine Ordnung im Außen – das Außerordentliche – als Denk- und Bezugsrahmen an, allerdings ohne eine Möglichkeit einzuräumen, irgendetwas darüber aussagen zu können. Doch allein *dass* dieses unsichtbare Außen als Hintergrund gedacht wird und somit *die Grenze* als der natürliche Ort des Menschseins erscheint, verändert entscheidend die Perspektive. Denn werde umgekehrt ein Ganzes ohne Außen angenommen, führe das in letzter Konsequenz auf die Bahnen eines totalitären Denkens, das keine grundlegenden Abweichungen duldet, so Waldenfels.[103]

So könnte die Religiosität auch verstanden werden als eine Form des Antwortens auf jenes Fremde, das einen vom Außer-Ordentlichen her angeht. Paradoxe Bilder des Göttlichen, wie sie für die Mystiker typisch sind, könnten dabei helfen, in die Offenheit dieser Begegnung einzusteigen und die je eigene Antwort aus dem Moment der Begegnung zu formen. Die Mystiker – damals wie heute – müssen deshalb alle irdischen Absolutsetzungen und Vereindeutigungen verneinen um des Offenhaltens der Möglichkeit des Anderen willen. Und sie müssen jene entzogene *Dimension des Anderen* gleichsam hier vertreten und verteidigen. Sie tun das zum Beispiel, indem sie mehrdeutige und ambivalente Aussagen versuchen, den gewohnten Blick verfremden oder sich den leibhaftigen Anderen, den Ausgegrenzten und Randständigen zuwenden.

Diese Stellvertretung des Überschreitenden haben in der Moderne vor allem auch jene Künstler übernommen, die den eindeutigen Blick brechen – zugunsten einer Vieldeutigkeit, die sagen will: Es ist so, wie es ist, könnte aber auch ganz anders sein. Und: Es gibt mehr als alles; es geht nicht alles auf. Es geht dabei um eine Verschiebung der gewohnten Sichtachse. Das Asymmetrische und Schräge erscheint als Vorbote oder Stellvertreter des Fremden, das die Ordnung herausfordert. So entstehen neue Aufbruchbewegungen aus der Selbstabschließung. Im mystischen wie im künstlerischen Antwortversuch auf das Heimgesuchtwerden durch das ganz Andere wird ein Existenzversuch auf der Grenze gewagt.

Damit erscheint wieder jenes Bild, das ein mögliches Schlüsselbild für eine Religiosität im 21. Jahrhundert darstellt und eine Zugangsform für den modernen Menschen sein könnte: der Grenzraum oder die Schwelle als Begegnungsort mit dem unverfügbaren Anderen. Diese Begegnung ist auch und vor allem auf der Grenze des Todes angesiedelt. „Was jenseits der Schwelle lockt und erschreckt, gehört nicht mehr zum Spiel mit eigenen Möglichkeiten, sondern bedeutet eine Herausforderung der eigenen Freiheit durch Fremdartiges, das in der jeweils bestehenden Ordnung keinen Platz findet", so Waldenfels.[104] Und an anderer Stelle: „Das radikal Fremde kennzeichnet Grenzphänomene wie Schlaf, Rausch, Eros oder Tod, die zwar stets kulturell gedeutet, aber niemals kulturell gebändigt werden."[105] Das radikal Fremde bleibe somit abwesend anwesend, un-mittelbar inmitten aller Vermittlungen. Es zeigt sich: Man endet nicht dort, von wo man aufgebrochen ist.[106]

Wie weit also trägt das Bild der Grenze? Welche Antwort findet sich auf der Grenze des Todes auf das dort andrängende Fremde? Man könnte darauf vertrauen, dass eine solche Antwort auf das Fremde nie gänzlich die eigene Leistung ist, sondern auch von dem Fremden in der Begegnung mit geformt wird. Denn wenn man antwortet, so Waldenfels, sei man nicht Herr der Rede – man sei ein Angegangener, Angestoßener, Angerufener, Heimgesuchter und damit in eine gemeinsame Situation mit dem Fremden versetzt. Antworten heißt demnach, auf das erste und das letzte Wort zu verzichten und eine neue, kreative, unvorhersehbare Antwort zu bilden oder besser: gebildet zu bekommen. Eine Antwort habe immer auch Geschenkcharakter.[107]

Im Blick auf den Tod als Schwellensituation könnte auch ein mit der Grenze oder Schwelle verwandtes Bild hilfreich sein: *die Meerenge*. Darauf macht der Literaturwissenschaftler Rainer Guldin aufmerksam: Meerengen seien keine klassischen Grenzen, sondern Schwellenzonen, in denen ein bewegter Übergang passiere zwischen zwei Gewässern und Strömungen mit unterschiedlichen Tiefen. Diese seien in der Meerenge zugleich getrennt *und* in Verbindung – in ein gemeinsames Geschehen verwickelt, das einen Austausch herstellt und dabei etwas Neues schafft: Auf der jeweils anderen Seite der Meerenge ist das Gewässer nicht mehr das, was es auf der eigenen Seite einmal gewesen ist. Es ist nun in einem neuen Zustand, auf einer neuen Reise. Meerengen seien poröse Membranen, Austauschfilter, welche die Passage von einer Welt zur anderen regulieren, so Guldin.[108] Schwellen seien demnach Möglichkeitsfelder. Und Grenzen sind letztendlich Begegnungsorte.

Ist es nach diesen assoziativen Überlegungen zur Grenze und Schwelle nicht möglich, sich religiöse Existenz heute als eine *Schwellenexistenz* vorzustellen? Dass man sich selbst als Grenzwesen oder Schwellenwesen versteht und nicht als ein In-Sich-Eingeschlossener? Möglichkeiten, um dieses durchaus tröstliche Dezentriert-Werden durch ein Anderes einzuüben, gibt es einige: Dass man sich staunend öffnet gegenüber der Natur, der Kreatur, der Schönheit, der Qualität eines Augenblicks, der Beziehung zu einem Anderen, der Begegnung mit etwas, das mich angeht – Kunst oder Literatur oder Musik oder etwas, das mein Mitleid trifft –, und sich mitnehmen lässt von dieser Bewegung auf eine Schwelle, wo man sich *antwortend* begegnet *im Anderen.*

In Bezug auf den Tod könnte das heißen, dass vielleicht nicht mehr möglich ist, als den Tod als ein Mysterium zu begreifen. Das ist allerdings nicht wenig und könnte sich auch als Stoff für eine moderne Religiosität erweisen, die auf ihre Weise versucht, mit Anderem zu rechnen.

4. Das Wort

Tasten am unaussprechlichen Horizont

Als ein solcher neuer Weg des Vordringens in die wie verschüttet scheinende religiöse Dimension können heute die lyrischen Versuche der Dichter Christian Lehnert und Tomas Tranströmer angesehen werden. Diese herausragenden Gegenwartslyriker versuchen in ihren Werken, Sprachfelder zu erzeugen, die einerseits stark an das Lebens- und Weltgefühl moderner Menschen anschließen, andererseits aber höchst kunstvolle und fremdartige Bilder prägen, die jene Kontaktaufnahme mit *dem Anderen* der eigenen Existenz ermöglichen, um die es in einem religiösen Denk- und Lebensversuch letztlich geht. Überhaupt erscheint die Poesie als ein aussichtsreicher Versuch, die Freiheit und Mündigkeit des Menschen mit einer Religiosität zu verbinden.

Insbesondere religiöse Sprachversuche sind Sprachversuche auf der Schwelle, die versuchen, jene Bewegung widerzuspiegeln, die das entzogene Fremde ausgelöst hat, nicht das Fremde an und für sich. Deshalb spielen vor allem Paradoxien oder gebrochene Sprachbilder eine Rolle. In jeder religiösen wie poetischen Rede, die sich dem Außerordentlichen des göttlichen Fremdbereichs nähert, muss also das Übersteigende als *Entzogenes* präsent erhalten werden.

Das Fremde sollte gestaltend *ausgehalten* werden. Denn das Religiöse fällt Bernhard Waldenfels zufolge in „die Spannung zwischen Blindheit und Blendung" – das Entzogene zeige sich in den *Spuren*, die es hinterlasse.[109]

Genau diesen Spuren versucht die moderne Lyrik Christian Lehnerts und Tomas Tranströmers nachzuspüren: In indirekter, paradoxer und verfremdender Rede umkreisen sie jenes Entzogene und erzeugen – gleichsam auf der Schwelle der eigenen Ordnung – einen mentalen Grenzverkehr mit dem transzendent Fremden. Dabei folgt diese Lyrik gewissermaßen der vom Apostel Paulus geäußerten „religiösen Erkenntnistheorie": dass wir nämlich jetzt sehen durch einen Spiegel in einem dunklen Wort; dann aber von Angesicht zu Angesicht (1. Korinther 13,12).

„Ich folge Spuren, die sich schnell verlaufen": Christian Lehnert

Beispielhaft für die lyrischen Tastversuche Christian Lehnerts am Rand des Transzendenten seien hier drei seiner Gedichte vorgestellt. Das erste stammt aus dem Gedichtband „Aufkommender Atem" (2011):

> „*Und was ich glaube, ist ganz unverstanden,* / das Sterben zweier Störche im November, / die nie die Kraft für ihren Heimflug fanden, // nie den Instinkt. Ich habe ein Geländer, / das ich mir selber halte, es ist fest. / Ich folge

Spuren, die sich schnell verlaufen, // auf einem Pfahl am Weg ein leeres Nest, / das liegen bleibt, und warme Federhaufen."[110]

Dieses Gedicht besticht nicht nur durch die schmerzhaft tief eindringenden Bilder, sondern auch durch die Paradoxien, mit denen der *Fernnähe* des Göttlichen meisterhaft Ausdruck verliehen wird. Mit dem Einstiegssatz „Und was ich glaube, ist ganz unverstanden ..." hebt ein durchaus religiös zu nennendes Fragen an, ohne dass allerdings direkt von „Gott" oder einem Glaubensinhalt gesprochen würde. Somit wird sichergestellt, dass das Göttliche nicht aufgeht im Verstehen, in der Ordnung, im Normalen. Es ist ein Beispiel für jene gerade beschriebene notwendige indirekte Rede vom Außerordentlichen, als das das Göttliche zu gelten hat. Das, was geglaubt wird, ist keineswegs verstehbar – und liegt demnach auf einer anderen Ebene als Faktisches. Und auch als die Katechismen und Dogmen einer verfassten Religion, die Glaubensinhalte fixierbar und verobjektivierbar machen wollen. Dem stellt der Dichter – in mystischen Spuren – das bleibend Unverständliche der Welt- und Überweltzusammenhänge entgegen, das sich beispielsweise auftut, wenn einen das Leid der Kreatur trifft und Gottesbilder infrage gestellt werden. Da bleibt nur: „... auf einem Pfahl am Weg ein leeres Nest ..." Dieses Nest stiftet keine Geborgenheit mehr. Es ist, da die Störche starben, nur noch eine ferngerückte Erinnerung an die einst wärmende Bergung.

Doch es stehen sich gegenüber: die Leere und die Wärme. Beides existiert noch gleichzeitig. Und wird zum Zeichen für das Einzige, das in Bezug auf das Göttliche sagbar ist: dass es entzogen und unzugänglich bleibt. Und dennoch kann es einen treffen und die eigenen Ordnungen und den Horizont öffnen und womöglich „metaphysische Wärme" spenden. Das sind aber „Spuren, die sich schnell verlaufen" und „warme Federhaufen"… Nicht mehr, aber auch nicht weniger steht für den Versuch einer religiösen Existenz zur Verfügung.

Immer wieder sucht Christian Lehnert die Natur auf, um sich einem neuen Staunen und Lauschen und Schauen auszusetzen. Er will sich ansprechen lassen von der mal pulsierenden, mal schweigenden, mal schwindenden Natur. Jenseits des Gewohnten, des Normalen, des Eingespielten und Vertrauten erlernt er auf diese Weise die ursprüngliche Fremdheit des Lebens wieder, das sich dem rationalen Weltzugriff entzieht und sich auch aus Anderem bildet. Lehnerts Lyrik könnte als Versuch angesehen werden, jenes für viele unzugänglich gewordene Bewegtwerden vom Göttlichen her nachzubilden. Alles ist dabei offen. Das Göttliche entfaltet sich gleichsam durch die Phänomene der Natur hindurch, denen Lehnert kunstvoll ihre existenzielle Bildhaftigkeit ablauscht. Dabei erliegt er nie der Versuchung, klar, verständlich und verbindlich vom Göttlichen zu reden. Gerade dadurch bleibt er im strengen Sinne religiös. Er belässt dem Göttlichen die Fremdheit, sodass die Begegnung mit ihm eine wirkliche Öffnung von fest gefügt scheinenden Wirklichkeiten auf unendliche Möglichkeiten hin erzeugen kann.

Dazu noch ein weiteres Gedicht aus dem Band „Aufkommender Atem“:

> „*Die Walnuß lag auf einem Balken Holz,* / als wüßte sie von einem Baum in sich / und ruhte aus, nur kurz in diesem Licht, / und daß sie sterben würde, sei ihr Stolz // und ihre Schwere, fände sie die Erde. / Das, was ich glaubte, war nur die Gebärde, / mit der sie fiele und nichts mehr verstand. / Ich wehre mich in einer fremden Hand.“[111]

Auch hier gebraucht Lehnert ein eindrückliches Naturbild: die Walnuss auf dem Balken – gleichsam schwebend zwischen unausweichlichem Absterben und ungeahntem Aufbruch zu Größerem –, um sich als Glaubender darin wiederzufinden. Aller Glauben erscheint dabei als bloße Gebärde, mit der etwas gänzlich Unverstandenes und Unverstehbares umhüllt und vertreten wird. Der Gegenstand des Glaubens – das Sein in der Hand Gottes – erscheint als unzugängliches und unaussprechliches Geheimnis. Ebenso wie es der gefallenen Walnuss unzugänglich ist – allenfalls in irgendeiner ihrer Fasern ahnbar –, dass sie im Fallen zu etwas Größerem werden könnte, ist das Auf- oder Eingehen in Gott bei der Auferstehung unzugänglich und unverstehbar. Und gleichzeitig macht allein diese Ahnung den ganzen Stolz und die ganze „Schwere“ aus. Doch: „Ich wehre mich in einer fremden Hand.“ Hier ist Lehnerts Lyrik auf das Äußerste gespannt und treibt nicht nur das Paradox eines Glaubens, der vollkommen auf Unverstehbarem gründet, auf die Spitze, sondern versieht auch die Bewegung des Glaubens selbst mit einer Brechung. Glaube als ein Sich-Wehren in einer fremden Hand? Das heißt: ein Kampf mit etwas Größerem, ein *Ausgeliefertsein*. Das widerspricht dem gängigen Verständnis vom Glauben, der oft als *Geborgenheit* in der gütigen Hand Gottes vorgestellt wird. Und doch stellt sich die Frage, welche Bewegung weiter trägt: ein verstehender Glaube, der allzu schnell kindliche Geborgenheitsgefühle auf das Göttliche projiziert und daraus eine scheinbare Daseinsberuhigung erfährt? Oder aber ein Festhalten an der Fremdheit Gottes, der auch in der Glaubensbewegung fremd und unzugänglich bleibt, weil er sonst „verirdischt“ und „entgöttlicht“ würde?

Das Festhalten am Widerfahrnis-Charakter der Religiosität und an der bleibenden Fremdheit des Göttlichen nimmt eine existenzielle Erfahrung auf: In entscheidenden Momenten des Lebens erlebt sich der Mensch als ausgeliefert an eine größere Kraft – bei der Geburt, im Leiden, im Sterben. Alles käme darauf an, sich in diesen Momenten der größeren Kraft, die da wirkt, zu überlassen – auch wenn sie fremd ist. Denn nur das *Andere* kann mich aus dem Hiesigen und Jetzigen, in dem ich nicht bleiben kann, herausholen. Wie dieses Sich-Überlassen der fremden, größeren Kraft vertrauend geschehen kann, ist eine weiterführende Frage. Zunächst gilt es – sofern man auf der Suche nach einer zeitgemäßen Religiosität ist –, eine Bezogenheit zu der übersteigenden Fremdheit eines größeren Ganzen herzustellen und zu kultivieren. Und das heißt, eine religiöse Existenz zu versuchen. Wie Lehnerts Gedicht zeigt, kann es passieren, dass allein durch die Bewegung des Sich-Einlassens auf die Fremdheit auch bergende Momente Raum greifen. Sie werden offenbar in dem Augenblick gänzlich wirksam, in dem das „Sich-Wehren" gegen „die fremde Hand" aufhört und man sich der Schwere und der weiteren Bestimmung überlässt – erkennend, dass in diesem Moment alles zu seiner Tiefe und Erfüllung käme.

Schließlich sei noch ein Gedicht Christian Lehnerts aus seinem Gedichtband „Windzüge" (2015) vorgestellt, das auf die eigentümliche Verflochtenheit von Diesseitigem und Jenseitigem hinweist. Schlaglichtartig wird dabei eine Möglichkeit des religiösen Existierens für heute aufgezeigt.

> „*Sie ist mir eingegeben, die Libelle,* / ein stilles Komma in der Luft, sie steht, / als ihr das Graslicht in die Augen weht, / noch immer zögert sie an einer Stelle … // Weil die Bewegungen nicht ihre waren? / Weil nichts erklärt, wie etwas folgen soll? / Weil das, was kommt, nicht uns gehört, und voll / die Flügel stehen, voll von Unsichtbarem? // Und wie sie zittert, ist sie ganz für sich – / ein unwägbares, schwebendes Gestein. / Ein blaues Licht schließt sie von innen ein. // Ich sehe ihren Glanz – er schaut doch mich. / Wie aufgereihte Perlen, ihre Glieder, / in ihrem Schimmer kehrt der Sommer wieder."[112]

Es ist das Staunen über so viel Wunderhaftes in einer kleinen Kreatur, das dieses Gedicht mit einer nahezu magischen Wirksamkeit versieht. In der Libelle wird ein Zusammenspiel aus Licht und Gras und Wind und Glanz wahrgenommen. Äußeres geht nach innen und Inneres nach außen. In der Momenthaftigkeit dieser Beobachtung ist nur Staunen und Verzauberung – eine Feier der reinen Wunderhaftigkeit dieses Ereignisses, bei dem sich Wunder begegnen und miteinander vermischen. Die Abseite der Natur, das Fressen-und-Gefressenwerden, schweigt in dem Moment, da alles leuchtet und etwas von der Geheimnishaftigkeit des Kreatürlichen aufleuchtet. Dieses Geheimnis erscheint nicht als Frage, nicht als Forschungsobjekt, sondern als heiliger Moment, der eine Verschmelzung ermöglicht, die eine tiefere existenzielle Einsicht gebiert: Wie das blaue Licht in der Libelle eingeschlossen ist, ist die Libelle mir eingegeben. Und zwar mit den Möglichkeiten, die ihr innewohnen, dass Licht und Gras und Wind verewigt werden können zu einem inneren Leuchten. Dass die Flügel das Unsichtbare erwarten, ohne dabei die Richtung und das Ziel zu kennen. Und dass die Bewegung, von der die Libelle erfasst wird, eine Erfüllung ist und zum Zeichen des Zieles wird: „In ihrem Schimmer kehrt der Sommer wieder." Der Sommer ist das Bild für die Fülle, für das Leben und für das Licht. Und dass das Licht, so wie es einmal eingeschlossen wurde, auch wieder aufgeschlossen und sich verströmen wird. Auch hier ist eine Bewegung angesprochen, der es sich zu überlassen gilt. Eine Bewegung, die jenseits der Ratio liegt, „weil nichts erklärt, wie etwas folgen soll". Wohl aber ist da die Haltung des Erwartens und des Empfangens – das Zittern, das Schweben und das eingeschlossene Licht. Diese Haltung kann abgeschaut werden von der Libelle. Und ihr Licht kann festgehalten werden. Libellenlicht als Ereignis auf der Schwelle, als Ahnung und Spur des ganz Anderen, dem es sich zu öffnen gilt, wenn man teilhaben will an ihm. Es kündet von Verwandlungs-Ahnungen, die aufblitzen in besonderen Momenten der Begegnung mit geheimnishaften Zeichen – wie dem eingeschlossenen Licht der Libelle, das momenthaft ins Bewusstsein hebt, was sonst im Verborgenen liegt: Dass da auch etwas in einem wohnt, das die Mystiker früher den göttlichen Funken genannt und in dem schon der Keim einer Verwandlung angelegt ist, die wiederum gänzlich entzogen aller diesseitigen Vorstellungs- und Glaubensversuche ist. So wie es Lehnert später in seinem Gedichtband „Cherubinischer Staub" (2018) im Zweizeiler-Gedicht „Die Larve" ausdrückt:

> „Die andre, die ich bin, von der ich wenig weiß, / sie wächst als Königin in einem inneren Kreis."[113]

Es ist letztlich eine individuelle religiöse Bewegung, die Christian Lehnert hier andeutet – eine Bewegung, die mit der Transzendierung des eigenen Selbst zu tun hat, die aus eigener Kraft nicht vollzogen werden kann, sondern die nur durch etwas, das einen übersteigt, vollzogen werden kann.

So wie es Lehnert unter der Überschrift „Wo ist Gott?“ im Band „Cherubinischer Staub“ ausdrückt:

> „Das Undeutliche, GOtt, kann dies und jenes sein. / Wo immer du IHn suchst, schließt ER dich in sich ein.“[114]

Es geht beim Versuch einer religiösen Existenz um ein Kultivieren der Bezogenheit auf die „Anderwelt“, wie es Lehnert an anderer Stelle einmal nennt. Damit gebraucht er wieder eine neuartige Wortschöpfung, die die Begegnung mit dem Übersteigenden neu erzeugen kann: „‚Anderwelt‘ – ein Wort, weist den Weg hinüber, / fordert: fort, nur fort, schenkt dir ein Gefieder.“[115]

Alles kommt auf die Bewegung an, der es sich zu überlassen gilt – jenes Geöffnetwerden für den Horizont des *Anderen*. Das Geheimnis des Göttlichen wird sich dem erschließen, der sich ihm überlässt und es aushält, dass es fremd bleibt, solange wir Menschen auf Erden sind. Lehnert skizziert in der Spur der Mystiker einen Weg, der eine solche neue, unverstellte Begegnung mit religiösen Gehalten möglich macht. Seine Sprachversuche öffnen die eigene Existenz und weisen in aller Bruchstückhaftigkeit und Spurenhaftigkeit über die eine, bekannte Wirklichkeit hinaus auf ungeahnte Wirklichkeiten und Möglichkeiten. In der subjektiven Form seiner Lyrik macht Lehnert etwas ahnbar von jenem Vibrieren eines größeren Ganzen, das die alten Religionen einst gespeichert hatten und das sich zu einer existenziellen Bewegung auswachsen kann. Diese kann dann möglicherweise tatsächlich auch Kräfte zur Überwindung letzter Grenzen freisetzen: „So laß doch ein den Hauch, verschließ dich nicht im Bleiben / Laß still den Gott in dir sein Wuchs und Strömung treiben!“[116]

„In meinem Schatten werde ich getragen“: Tomas Tranströmer

Auf andere und doch auch ähnliche Weise versuchte der schwedische Dichter und Literaturnobelpreisträger Tomas Tranströmer (1931–2015) lyrische Bilder zu prägen, die eine leise Hoffnung verströmen und – einem Traumfetzen gleich – die Ahnung wecken, letztlich bezogen zu sein auf ein größeres Ganzes. Das Leben mit all seinen Begrenzt- und Widrigkeiten kann dann plötzlich in einem anderen Licht erscheinen. Tranströmer erweist sich dabei als ein äußerst genauer Beobachter des Schicksals des Gottglaubens in der Gegenwart. So schreibt er im Gedicht „Dezemberabend ’72“:

> „Hier komme ich, der Unsichtbare, vielleicht von einem großen Gedächtnis / dazu bestellt, gerade jetzt zu leben, und ich fahre vorbei / an der wieder versperrten weißen Kirche – darin steht ein Heiligenbild / aus Holz, / lachend, hilflos, als hätte man ihm die Brille weggenommen.“[117]

Oder im Gedicht „Die auseinandergetriebene Versammlung“:

„In der Kirche drinnen: Gewölbe und Pfeiler / weiß wie Gips, wie der Gipsverband / um den gebrochenen Arm des Glaubens.“[118]

Es sind schmerzhaft-eindrückliche Bilder, mit denen Tranströmer den Glaubensverlust vieler Menschen in der späten Moderne beschreibt. Sie klingen ein wenig wehmütig und doch nie so, als wäre die Geschichte des Glaubens vorbei. So heißt es in dem Gedicht „Viele Schritte“:

„Die Ikonen wurden mit dem Gesicht nach oben in die Erde gelegt / und die Erde zugetrampelt / durch Räder und Schuhe, durch tausend Schritte, / die schweren Schritte von zehntausend Zweiflern. // Im Traum stieg ich in ein durchleuchtetes Schwimmbecken unter der Erde, / ein wogender Gottesdienst. / Welch starke Sehnsucht! Welch idiotische Hoffnung! / Und über mir das Getrampel der Millionen von Zweiflern.“[119]

Bildstark drückt Tranströmer hier ein Paradox aus: dass man einerseits Teil seiner Zeit ist, sich also nicht entziehen kann den großen Entwicklungen – wie die der Säkularisierung – und dennoch einer Sehnsucht nach einer gänzlich gegenläufigen, wenngleich vergangenen Entwicklung anhängen kann. Da erscheint das Verscharren der Ikonen als unaufhaltsamer, obgleich tieftraurig stimmender Vorgang, dem einzig ein Traumbild entgegengesetzt werden kann: ein wogender Gottesdienst in durchleuchteten Wassern unter der Erde, in denen wieder alles im Fluss ist und die totgesagten Heiligen ihr Licht verströmen. Gleichzeitig ist das nicht der romantische Gegenentwurf, mit dem Vergangenes umstandslos als heute Gültiges beschworen wird. Es wird lediglich als „starke Sehnsucht" gekennzeichnet – und im gleichen Atemzug als „idiotische Hoffnung" verunglimpft. In dieser Brechung, die das Gedicht nebenbei bemerkt auch vor dem Abgleiten in Kitsch bewahrt, spiegelt sich sehr genau die Situation des modernen Menschen, der wie abgeschnitten ist vom Strom der religiösen Traditionen und Gewissheiten und gleichzeitig noch ergriffen oder getrieben werden kann von einer Sehnsucht nach dem Aufgehobensein in einem größeren Ganzen. Genau dieser Ton Tranströmers, der frei von restaurativen religiösen Bestrebungen ist, kann gleichsam eine „Synapse" bieten, an der heutige Menschen mit ihren Suchbewegungen Anschluss finden. Es ist eine Begegnungsfläche für ein verschüttgegangenes Heiliges, das einer tiefen Sehnsucht Raum eröffnet – und zumindest die Möglichkeit eines Göttlichen, in all seiner Ruinenhaftigkeit, wieder zur Verfügung stellt.

Tomas Tranströmer verleiht in seinen Gedichten jener großen Umbruchsituation Ausdruck, in der sich der Gottesglaube in der Moderne befindet: weg von jeder Selbstverständlichkeit und Vorherrschaft, hin zu einer noch nicht bekannten neuen, stilleren und erst noch zu findenden

Form. Tranströmer vermutet das Finden neuen Glaubens nicht an ausgedienten Orten. Er spricht von unerwartet Neuem: „Mitten im Wald liegt eine unerwartete Lichtung, die nur von dem gefunden werden kann, der sich verlaufen hat“, schreibt er in dem Stück „Die Lichtung“.[120] Und an anderer Stelle heißt es in dem Text „Madrigal“: „Wir sind nicht ohne Hoffnung. (…) Mein Examen habe ich an der Universität des Vergessens gemacht und habe genauso leere Hände wie das Hemd auf der Wäscheleine.“[121]

Immer wieder stößt Tranströmer wie zufällig und traumbildartig auf Widerfahrnisse und Bilder, die plötzlich das Göttliche als Wirklichkeit erschließen, als Hoffnung und als Trost, als Stillung einer verschütteten Sehnsucht. Er lehnt sich dabei – wie auch Christian Lehnert – gerade nicht an geprägte und traditionelle Bilder für das Göttliche oder Heilige an, sondern kreiert sie in der lyrischen Bewegung neu. Damit schafft er unverbrauchte Bilder, die in ihrem Gehalt neu auf den Leser wirken können. Der erhält auf diese Weise Anteil an dem dichterisch wiedergegebenen Widerfahrnis und kann es gewissermaßen so auch zu seinem eigenen machen. Vielleicht klingt ein Bild oder ein Wort nach und verrichtet tief im Inneren sein Werk, sodass es womöglich einmal wieder aufsteigt als ein Trost oder eine Antwort auf die Sehnsucht. Solches könnte zum Beispiel das Gedicht „Mittwinter“ bewirken:

„Ein blauer Schein / strömt aus von meinen Kleidern. / Mittwinter. / Klirrende Tambourine aus Eis. / Ich schließe die Augen. / Eine lautlose Welt gibt es / einen Spalt gibt es / da werden Tote / über die Grenze geschmuggelt."[122]

Gerade die Surrealität dieses Bildes ermöglicht die oben angesprochene indirekte und verfremdende Wiedergabe einer Begegnung mit dem Fremden, dem ganz Anderen, dem Göttlichen. Somit gelingt es, dass dieses Göttliche nicht neutralisiert und einverleibt wird in eine bekannte Ordnung der Dinge. Und es wird das scheinbar Verrückte, das Unermessliche und das jeden rationalen Zugriff Durchkreuzende einer religiösen Hoffnung ins Recht gesetzt: die verrückte Annahme eines Spaltes, durch den Tote über die Grenze geschmuggelt werden. Das bedeutet: Es gibt da ein jenseitiges Anderes, in dem alles geborgen ist. So ist diese verrückte Hoffnung, auf die sich ganze Religionen gegründet haben, plötzlich wieder in der Welt – und zwar in der modernen, von Religion eigentlich entfremdeten Welt. Wenngleich freilich an einem äußersten und fragilen Rand, auf dem allein jedoch eine religiöse Existenz möglich ist. Das erinnert an eine Gedichtzeile Christian Lehnerts: „So aber sind wir Fremde, still im Nebel geborgen, / immer nur einen Schritt neben dem schimmernden Grat."[123]

Immer wieder äußert Tranströmer auch Todesahnungen und versucht, diese letzte Grenze des Menschen durch traumbildhafte Sprachexperimente begehbar zu machen. Damit auch diese Grenze möglicherweise in ihrem *Zwischencharakter* in den Blick kommen und eine Art mentaler

Grenzverkehr stattfinden kann, der einer Öffnung dieser Grenze dient – ein durch und durch religiöser Vorgang, wenngleich in der Gestalt der Tranströmer'schen Gedichte in völlig subjektiver und neuartiger Weise. So heißt es im Gedicht „Namenszüge":

> „Ich muß über die dunkle / Schwelle steigen. / Ein Saal. / Das weiße Dokument leuchtet. / Mit vielen Schatten, die sich bewegen. / Alle wollen es unterzeichnen. // Bis das Licht mich einholte / und die Zeit zusammenfaltete."[124]

So weben Tranströmer und Lehnert mit ihrer Lyrik an einer neuen Gestalt des religiösen Weltzugangs, der sich aus unverbrauchten und ungewohnten Bildern speist und der Grundbedingung der Moderne gerecht wird, dass einzig der subjektive, persönliche Zugang zur Begegnung mit dem Göttlichen noch offen steht. Sie befinden sich damit am ehesten in der Tradition der Mystiker wie Meister Eckart oder Angelus Silesius, die im einzelnen Menschen den Wirkungsort Gottes erkannten und mit ihrer verfremdenden und paradoxen Rede vom Göttlichen dessen unverfügbare Transzendenz wahrten – und gleichzeitig ansprechbar machten; die das Land jenseits der Ratio kultivierten und dem Menschen eine Öffnung auf das ganz Andere der Wirklichkeit des Göttlichen hin ermöglichten. Es ist ein neuer Versuch, religiös existieren zu lernen – aus der Annahme heraus, dass sonst das menschliche Dasein verarmt und um eine wesentliche Dimension verkümmert. Eine Dimension freilich, die eher an den Rändern des Lebens ihre größte Wirksamkeit entfaltet: bei der Geburt und beim Sterben. Wenn Grenzen in den Blick kommen und Fremdes lauert, könnte der altehrwürdige heilige Grenzverkehr auf der Schwelle zwischen Menschlichem und Göttlichem, der einmal Frömmigkeit genannt wurde, höchst notwendig werden. Tranströmer ahnt, dass dazu die Bereitung der Seele und des Herzens nötig ist. In seinen lyrischen Traumfetzen, die gewissermaßen Transzendentes abstrahlen, ermöglicht er eine Vorbereitung auf die Begegnung mit dem ganz Anderen am Ende. Denn: „Mitten im Leben geschieht's, daß der Tod kommt / und am Menschen Maß nimmt. Diesen Besuch vergißt man, / und das Leben geht weiter. Doch im Stillen wird der Anzug genäht."[125]

Im Letzten ahnt Tranströmer – wie auch Lehnert –, dass es auf eine Übereignung ankommt: dass man sich der größeren Kraft des ganz Anderen überlassen muss, die auch das Göttliche genannt werden kann – jener unverfügbaren und unaussprechlichen Kraft, die im Entzogenen wirkt und ein Fremdes ist und bleibt bis zu dem Augenblick, da man selbst gänzlich ein Teil von ihr wird. Alles kommt darauf an, im Letzten dieser Bewegung zuzustimmen und sich anzuvertrauen jener Reise in die Fremde, für die das uralte und unbeweisbare Versprechen der Religion gilt, dass sie nicht ins Verlöschen, sondern in eine Vollendung führt. Ausdrückbar ist das nur sehr schwer, vor allem, wenn aus guten Gründen auf traditionell geprägte Begriffe und Bilder verzichtet wird. Tomas Tranströmer gelingt allerdings folgender Ausdruck in seinem großartigen Gedicht „April und Schweigen“:

> „Öde liegt der Frühling. / Der samtdunkle Wassergraben / kriecht neben mir / ohne Spiegelbilder. // Das einzige, was leuchtet, sind gelbe Blumen. // In meinem Schatten werde ich getragen / wie eine Geige / in ihrem schwarzen Kasten. // Das einzige, was ich sagen will, / glänzt außer Reichweite / wie das Silber / beim Pfandleiher.“[126]

5. Die Würde

Spuren des Heiligen in der Gegenwart

Säkulare Sakralisierung I: Würde

Immer wieder sind auch in der vermeintlich entzauberten modernen Lebenswelt Spuren des Heiligen auszumachen. Eine dieser Spuren hat der Sozialphilosoph Hans Joas in seinem Buch „Die Sakralität der Person" rekonstruiert. Darin zeigt er, dass die neuzeitlichen Menschenrechte auch aus religiösen Vorstellungen von der Sakralität der Person heraus entstanden seien. „Die Sakralität der Person war eine Weiterführung jüdisch-christlicher Motive, auch wenn einzelne Aufklärer vor allem den Bruch mit religiösen Traditionen akzentuierten und die Kirchen entsprechend sich gegen sie stellten", bemerkt Joas.[127] Allerdings, und das beschreibt Joas, verlief dieser Prozess der weltlichen Sakralisierung der Person, die sich in den Menschenrechten und der Idee der universellen Menschenwürde manifestiert, nicht eindeutig und einlinig. So könne er auch nicht konsequent auf christliche Traditionen zurückgeführt werden. Vielmehr ist dieser neuzeitliche Sakralisierungsprozess als eine innovative Leistung der Menschheit anzusehen, in dem angesichts neuer Bedingungen neue allgemeingültige Begründungen für den absoluten Schutz des Menschen geschaffen wurden. Joas spricht dabei von einer „Transformation der jüdisch-christlichen Tradition in moderne Wertsysteme wie das des Glaubens an Menschenrechte und universale Menschenwürde und das heißt an eine Sakralität der Person“[128]. Ohne die kategorische Abtrennung eines heiligen Bezirks, ohne Zonen der Unverfügbarkeit scheint ein menschenwürdiges Leben – also eines, das sich selbst als gesichert und geschützt erleben kann – schwer möglich.

Bei der Etablierung einer säkular gültigen Begründung des absoluten Schutzes des Menschen nahmen Joas zufolge die Pioniere der Menschenrechte, die französischen Revolutionäre, noch direkt den Begriff „heilig“ in Bezug auf die Menschenrechte in den Mund, als sie am 26. August 1789 die „Erklärung der Menschen- und Bürgerrechte“ verkündeten. „Der eigentliche Kern dieser Erklärung ist die Deklaration natürlicher, unveräußerlicher und heiliger Menschenrechte zum Zwecke der Errichtung eines überzeitlichen Maßstabs für die Beurteilung staatlicher Einrichtungen und Handlungen (…).“[129] Gewissermaßen sollte damit der Versuch unternommen werden, die einst mystisch-religiös begründeten Schutzrechte von Menschen nun rational zu begründen – und die Sakralisierung der Person als politisch-rationale Einrichtung in Gestalt von dem Staat vorauslaufenden und vor Willkür sicheren Menschen- und Bürgerrechten zu etablieren.

Hans Joas bemerkt jedoch, dass damit de facto immer noch eine unausgesprochene religiöse Begründung vorliegt. Denn letztlich entspringe die Annahme, dass die Person sakral, also heilig sei, einem Glauben: dem Glauben, dass der Mensch in einer Ordnung gründet, die jenseits des Menschlichen liegt – nämlich in der Schöpfungsordnung Gottes. Dass Gott also die Würde einstiftet und somit unverfügbar macht.

Joas will diese Annahme im Hintergrund der Entwicklung der Menschenrechte wieder sichtbar machen, ohne dabei aber zu einer explizit religiösen Begründung der Menschenwürde zurückzukehren. Vielmehr will er das innovative Potenzial des Religiösen aufzeigen: dass der Glaube an das Leben als Gabe und die unsterbliche Seele ein wichtiger Motor für die Bewahrung der Würde aller Menschen sein kann und möglicherweise in tieferen und deshalb haltbareren Schichten des menschlichen Bewusstseins angesiedelt ist als das Vertrauen in die rational begründeten neuzeitlichen Menschenrechte. An die Adresse derjenigen, die jegliche religiöse Begründung von Normen ablehnen, schreibt er: „Wer diesen Glauben (sc. an das Leben als Gabe und an eine unsterbliche Seele) nicht teilt, muss zeigen, wie er mit seinen denkerischen Mitteln die Idee der Unverfügbarkeit rechtfertigen und motivierend machen kann.“[130]

Diese Aufwertung des religiösen Moments in der Begründung moderner Unverfügbarkeiten hat allerdings auch scharfen Widerspruch erfahren. Die Religions-, Kultur- und Literaturwissenschaftler sowie Juristen Bijan Fateh-Moghadam, Thomas Gutmann, Michael Neumann und Thomas Weitin kritisieren diese Rede von „säkularen

Tabus" als letztlich unhaltbar und betonen dagegen die „Rationalität des Rechts". Man könne schlichtweg unter heutigen Bedingungen nicht die „religiöse Ressource" verallgemeinern und mithilfe „religiöser Faszinationssemantiken" allgemeine Rechte begründen wollen. „Der Begriff des Tabus hat im Rahmen moderner Normenbegründungen keinen Ort. Mit der Umstellung des Rechts und der Moral auf postkonventionelle Modi der normativen Rechtfertigung haben Religion und Tradition ihre legitimierende Kraft verloren. Die sakralisierten Überzeugungskomplexe sind zerfallen, ihre Stelle bleibt leer."[131]

Fateh-Moghadam und seine Mitautoren wählen demgegenüber einen anderen Weg, den Schutzraum der *Unverfügbarkeit* zu begründen. Sie sehen die universelle Würde des Menschen begründet im „Selbstschöpfertum des von Natur aus nicht festgelegten, sprachbegabten Vernunftwesens Mensch". Die Menschenwürde sei als eine „absolute Metapher" zu verstehen – eine bildliche „Übertragung des älteren, an der gesellschaftlichen Ehre orientierten hierarchischen Würdekonzepts, wie es noch der Amtswürde zugrunde liegt".[132] Wobei das Besondere dabei sei, dass diese Amtswürde in Gestalt der Menschenrechte auf *alle* Menschen übertragen und *absolut* gesetzt werde. Der wesentliche Fortschritt sei in der Etablierung des Rechts zu sehen, das einen eigenen, gültigen Rahmen setzt und den Schutz des Menschen nicht länger von religiösen Zusammenhängen abhängig mache. Fateh-Moghadam et al. schreiben:

> „Während aus der Aura des Sakralen allenfalls ein Berührungsverbot folgt und sakrale Objekte nicht handeln, haben Rechte einen performativen Sinn. Sie werden von ihren Trägern ausgeübt, eingefordert, in Anspruch genommen und durchgesetzt. Der Rechtsbeziehung unterliegt kein Verhältnis der Verehrung oder der heiligen Scheu, sondern eine spezifische Form der wechselseitigen Anerkennung von Personen, die sich als Gleiche respektieren und sich wechselseitig das Recht zuschreiben, ihre je eigene Vorstellung von einem gelungenen Leben zu realisieren.“[133]

Letztlich könnte sich dieser Ansatz, die Würde des Menschen *rechtlich* und nicht religiös zu begründen, als haltbarer erweisen. Denn Fateh-Moghadam und seinen Ko-Autoren zufolge erfasse dieser auf das Weiteste gedehnte Rechtsraum mehr Menschen und Situationen als ein religiös begründeter „Taburaum“, da mit der Religion nicht nur der Schutz, sondern auch die Verletzung der Menschenwürde in Ausnahmefällen begründet werden könne. Dieser religiöse „Taburaum“ bliebe letztlich der allgemeinen Begründung und Anwendbarkeit entzogen und erzeuge deshalb gerade keinen maximalen Schutzraum der Unverfügbarkeit.

Wohl aber können die Spuren eines Sakralisierungsprozesses auch im modernen Recht, insbesondere in den Menschenrechten, nachgezeichnet werden und als *Spur* gewürdigt und erhalten werden. Eine Spur freilich, die in ein neues Gefüge hineintransformiert wurde und somit eine Spur des Vorauslaufenden ohne gegenwärtige Begründungsfunktion ist. Doch, so betonen die Autoren um Fateh-Moghadam, „das Heilige" sei damit nicht aufgegeben, vielmehr wirkungsvoller geschützt.

Säkulare Sakralisierung II: Skrupel

Eine andere Spur des Heiligen in der Gegenwart dürfte entdeckt werden in dem zunehmenden Skrupel von Zeitgenossen, Tiere zu Nahrungs- und Nutzungszwecken zu verwerten. Es war Jacques Derrida (1930–2004), der diesen Aspekt des *Skrupels* als ein Phänomen der Wiederkehr der Religion in der Gegenwart gedeutet hat. In seinem Beitrag zu dem Buch „Die Religion" (2001) benennt er zwei entscheidende Merkmale, die das Religiöse grundsätzlich ausmachen: ein *Vertrauen* und die Vorstellung der *Sakralität / des Heiligen / Unversehrten.*[134] Derrida versucht dem folgend eine Übersetzung des Begriffs *religio* in dieser Weise: „Skrupel, Achtung, Verhaltenheit, Scheu, *shame*, Zurückhaltung, Gelassenheit usw., Halt vor dem, was gesund und geborgen, unberührt, heil bleiben soll oder sollte, Halt vor dem, was man sein lassen muss, was sein soll, zuweilen um den Preis einer Selbstaufopferung und im Zuge eines Gebets: das andere."[135]

Derrida sieht in der Postulierung der Unantastbarkeit des Menschen, in dieser Aufrechterhaltung einer letzten Scheu und Ehrfurcht, *den* Raum des Religiösen auch in der

Gegenwart. Es ist die Annahme der Würdigkeit des Menschen als eines *Zweckes an sich*, die gewissermaßen den unaufgebbaren Raum des Religiösen ausmacht. Er stellt fest:

> „Wie sich zeigt, betrifft die Achtung vor dem Leben, von der in den Diskursen der Religion als solcher gehandelt wird, allein das ‚menschliche Leben', das auf die eine oder andere Weise die unendliche Transzendenz bezeugt, die dem, was mehr wert ist als es selbst, eignet (die Göttlichkeit, das Allerheiligste, das Sakrosankte des Gesetzes). Der Preis des menschlich Lebendigen, das heißt: des anthropo-theologisch Lebendigen; der Preis dessen, was Achtung einflößen, Scheu, Verhaltenheit, Zurückhaltung bewirken muss, dieser Preis hat keinen Preis. Er entspricht der Würdigkeit im Sinne Kants, der Würdigkeit des Selbstzwecks, des vernünftigen endlichen Wesens, des absoluten Werts jenseits des Marktpreises. Eine solche Würde oder Würdigkeit des Lebens kann sich nur im Jenseits des anwesend Lebendigen halten; daher die Transzendenz, der Fetischismus, die Geisterhaftigkeit, das Religiöse der Religion."[136]

Die Möglichkeit der Religion, so Derrida, bestehe demzufolge darin, dass ein „religiöses Band" (ein „gewissenhaftes, ehrfurchtsvolles, schamhaftes, zurückhaltendes, verhaltenes, scheues" Band) den „Wert des Lebens (seiner absoluten ‚Würdigkeit') an die theologische Maschine (die ‚Maschine, die Götter hervorbringt') knüpft"[137]. Und dieses Band begründe dann eine ehrfurchtsvolle, schamhafte, zurückhaltende Haltung gegenüber jenem, das in dieser Weise Transzendentes aufweise.

Diese Skrupel und diese Scheu vor der Verletzung des Heiligen im Lebendigen sind nun aber nicht nur begrenzt auf den Menschen, wie Derrida bemerkenswerterweise weiter ausführt. Er schreibt:

> „Erwähnen wir kurz, dass vielleicht manche ökologisch oder vegetarisch Orientierte, die glauben, dass sie ihr Heil bewahren und von aller Fleischfresserei sich reinhalten können, selbst von der symbolischen, die einzigen ‚religiösen' Menschen unserer Zeit sind, die eine der beiden reinen Quellen der Religion achten; möglich, dass sie dadurch gerade die Verantwortung für das tragen, was sich als das Kommen oder die Zukunft einer Religion erweisen könnte."[138]

Bereits früher hatte Derrida die in der Neuzeit so scharf gezogene Trennlinie zwischen „Mensch" und „Tier" infrage gestellt und diese als eine willkürliche Trennlinie entlarvt. Die entscheidende Frage für den Umgang mit nichtmenschlichen Tieren habe bereits der Philosoph Jeremy Bentham gestellt, so Derrida in seinem Aufsatz „So bin ich also dieses Tier, das ich verfolge (fortzusetzen)". Nämlich dass letztendlich relevant für die Beachtung der Tiere nicht die Frage sei, ob sie denken oder sprechen, sondern ob sie *leiden* können.[139] Da diese Leidensfähigkeit „Mensch" und

„Tier“ miteinander teilen, schlägt Derrida ein Denkmodell der wechselseitigen Bezogenheiten zwischen den Lebewesen vor, das den elementaren Verflechtungen Rechnung trägt und gleichzeitig keine Differenzen leugnet. Alle fortgesetzte Rede von „dem Menschen“ versus „dem Tier“ sei eine „Dummheit“, gewissermaßen eine Blindheit gegenüber den realen Bezügen und Bezogenheiten, gegenüber auch der eigenen „Tierheit“ – und die „fortgesetzte, organisierte Beteiligung an einem wahren Krieg der Arten“.[140]

Wenn Derrida nun in Bezug auf die Rede von der unverfügbaren Würdigkeit des Menschen als einer religiösen Dimension spricht, erscheint es letztlich als unhaltbar, diese Sakralität allein auf den Menschen begrenzt sein zu lassen. Denn – und das ist laut Derrida die Wahrheit der heutigen „ökologisch und vegetarisch Orientierten“ – der Skrupel, die Scheu vor der Verletzung des Anderen markiert letztlich eine „Heiligkeitsgrenze“, die *auch* die nichtmenschlichen Tiere umschließt. Die Skrupulösen also, die die Unverfügbarkeitsrechte auch auf die ausgebeuteten „Nutz-“Tiere ausdehnen, handeln demnach aus der inneren Logik jenes Begründungszusammenhanges, aus dem heraus auch die absolute Würdigkeit des Menschen postuliert wird: dass die verletzlichen Wesen als an eine heilige Sphäre der Absolutheit – an „die theologische Maschine“ – angeschlossen gedacht werden müssen.

Auf diesem Gebiet der „heiligen Scheu“ vor der Verletzung lebendiger Wesen könnte heute tatsächlich eine Wiederkehr des Heiligen ausgemacht werden. Das hat

Derrida scharfsichtig erkannt. Denn bezeichnenderweise begründen viele vegetarisch orientierte Tierrechtler ihren Verzicht auf den Verzehr und Gebrauch von Tieren mit einem Erschrecken vor der Grausamkeit gegenüber Wesen, die intuitiv als einer Sphäre des Unverfügbaren zugehörig angesehen werden.

Beispiele dafür finden sich in vielen Schriften, die heutzutage für die Begründung und Einhaltung von Tierrechten argumentieren. Durch viele Tierschutz-/Tierrechtszeitschriften kursierte beispielsweise vor einigen Jahren der Bericht einer jungen Veterinärmedizinstudentin über ihr Pflichtpraktikum in einem Schlachthof. An der Rampe stehend, an der die Schweine aus dem Transporter getrieben werden und schreien, beschreibt die Studentin Christiane M. Haupt ihr Erleben so:

> „Alles in mir – jede Faser, jeder Gedanke – ist Verweigerung, ist Abscheu und Entsetzen und das Bewusstsein nicht steigerbarer Ohnmacht: Zusehen müssen, nichts tun können, und sie werden dich zwingen mitzumachen, dich ebenfalls mit Blut zu besudeln. (...) Ich möchte von den Rinderschlachttagen erzählen, von den sanften braunen Augen, die so voller Panik sind. (...) – Dann der tödliche Schuss, im nächsten Moment schon die Kette am Hinterfuß, die das ausschlagende, sich windende Tier in die Höhe zieht, während unten bereits der Kopf abgesäbelt wird. Und immer noch, kopflos, Ströme von Blut ausspeiend, bäumt der Leib sich auf,

treten die Beine um sich. Die Schuld, ein Verbrechen tatenlos mitanzusehen, wiegt so schwer wie die, es zu begehen. Ich fühle mich so unendlich schuldig."[141]

Was hier beschrieben wird, ist die Regung eines unmittelbaren Skrupels, einer Scheu vor der Beschädigung nichtmenschlicher Tiere und ihrer Tötung. Jenseits aller traditionell-religiöser Kategorien wird hier in „weltlicher" Sprache ausgedrückt, dass diese miterlebte Behandlung der „Schlacht-"Tiere an einem Tabu rührt: so etwas darf absolut nicht sein. Als Reaktion darauf wird ein „heiliger Bezirk" postuliert, durch den die Verletzungen der Integrität der Tiere unbedingt verhindert werden soll. Eine persönliche Konsequenz lautet dabei die Verweigerung des Verzehrs dieses so gewonnenen Fleisches. Insbesondere die Bezugnahme auf die Kategorie der Schuld weist darauf hin, dass hier „Heiliges" verhandelt wird, dessen Verletzung ein Schuldigwerden bedeutet. Dabei wird sowohl eine Nähe zu den geschundenen Tieren erlebt in Gestalt eines elementaren Mitfühlens als auch eine „heilige Distanz": dass es sich um Wesen eigenen Wertes, eigener „Sakralität" handelt, die es nicht anzutasten gilt.

Obwohl gesamtgesellschaftlich die Tötung von nichtmenschlichen Tieren zu Nutzungszwecken ganz und gar nicht in einem „heiligen Taburaum" angesiedelt wird, vielmehr als neutrales und schuldfreies Töten angesehen wird, melden sich beständig und zunehmend mehr Skrupel bei Menschen, mit denen dieses Töten infrage gestellt wird – insbesondere auch durch literarische Werke von Schriftstellerinnen und Schriftstellern. „In der Literatur wird die vermeintliche Natürlichkeit und Selbstverständlichkeit des Tiertötens zu Ernährungszwecken demaskiert", so Manuela Linnemann. Die Neutralität des Tötens in den Schlachthöfen werde durchbrochen und skandalisiert.[142] Durch die Beschreibungen des real existierenden Leidens der nichtmenschlichen Tiere in den Schlachthöfen werde eine Wahrnehmung ermöglicht, die bei vielen eine unmittelbare Reaktion erzeugt: Skrupel, Schreck, Scheu.

So setzt auch die Tierschutz- und Tierrechtsbewegung in ihren Aufklärungen vielfach an dem Punkt an, an dem sich ein Skrupel regt. Es werden beispielsweise Schlachthof- oder Tiertransportszenen verbreitet mit dem Ziel, dass eine Ahnung aufsteige vom Unrecht, das dieser Umgang mit „den Tieren" bedeutet. Der Soziologe Günther Rogausch bezeichnet das als ein dem Menschen innewohnendes „unterschwelliges Gewissen" – ein „verborgenes Unrechtsbewusstsein", ein „unausgesprochener Zweifel" am allgemein geltenden System der bedenkenlosen Nutzung nichtmenschlicher Tiere. Gegen die vorherrschende rationale Begründung des Rechts auf Nutzung und Tötung nichtmenschlicher Tiere bringt Rogausch die Ebene des Gefühls in den Diskurs ein. Er erinnert an die *unmittelbare Evidenz* des Skrupels, der sich regt, wenn die Schädigung und Tötung von Tieren wahrgenommen wird.

Rogausch spürt den gleichsam verschütteten Impulsen nach, die einen grundsätzlichen Respekt vor der Integrität des nichtmenschlichen Tieres ausdrücken – und die für ihn der Ausgangspunkt dafür sind, die Legitimation der Ausbeutung der „Nutz-"Tiere zu hinterfragen und letztendlich eine „heilige Grenze" zu setzen, die das Tier dem Zugriff des Menschen entzieht. Rogauschs Konsequenz ist ein veganer/vegetarischer Lebensstil.[143]

Interessanterweise beschreibt Rogausch den Ausgangspunkt für diese weitreichenden Folgerungen der Tierrechtsphilosophie und des vegetarisch/veganen Lebensstils in einem gleichsam „heiligen" Urimpuls, der als im Menschen wohnend angesehen wird und am ehesten bei Kindern beobachtbar sei: dass es nicht richtig ist, ein Tier zu quälen, zu töten, zu essen. Rogausch beschreibt diesen „heiligen" Skrupel gänzlich ohne religiöse Terminologie oder theologische Kategorien – und doch könnte er damit eine Weise der Wiederkehr des Heiligen ausdrücken, auf die Derrida aufmerksam gemacht hat: dass eine der wesentlichen Quellen der Religion – die Achtung vor dem Leben – heute am reinsten von den „ökologisch und vegetarisch Orientierten" aufrechterhalten werde. Rogausch beschreibt diesen Urimpuls der „heiligen Achtung" in einer autobiografischen Sequenz:

> „Als kleines Kind wäre ich nie auf den Gedanken gekommen, das Kalb, den/die ich auf der Wiese bestaunt habe, zu töten oder töten zu lassen, um seine/ihre Leichenteile zu essen. (...)
> Wenn ich gesehen hätte, wie ein Kalb durch einen Menschen umgebracht worden wäre, hätte ich mutmaßlich,

> zumindest bis zu einem gewissen Alter, geweint und hätte mich mutmaßlich geweigert, ‚Fleisch' zu essen. (…) Ich setze mich nicht für nichtmenschliche Tiere ein, weil sie so sind ‚wie wir'. Nein, über Reflexion bin ich wieder dahin gekommen, mich aus dem einen simplen Grund, den ich als Kind vermutlich genannt hätte und der mich später dazu bewog, kein ‚Fleisch' zu essen, zu engagieren: Weil sie sie sind!"[144]

Wissenschaftlich erforscht hat diese Tiertötungsskrupel der Theologe Ebermut Rudolph. Auch er deutet sie als Spuren und Reste des Heiligen in der Gegenwart. Seinen Erkenntnissen zufolge durchzieht die ganze Menschheitsgeschichte das Problem der Bewältigung der Schuld, die offenbar zwangsläufig bei der Tötung von Tieren zu Nutzungszwecken aufkomme. Neben Blutrausch und Tötungslust, die es wohl auch immer gegeben habe, sei immer auch in nichtmenschlichen Lebewesen etwas „Heiliges" erblickt worden, „ein geheimes und eigentliches Leben, das mehr ist als das vitale Leben, ein Numinosum, das zu erhalten und zu gewinnen oder zu steigern das zentrale Anliegen aller Stammesangehörigen ist"[145].

Bei der Erforschung der frühen Jäger stieß Rudolph auf mannigfaltige Entschuldungs- und Versöhnungsrituale, die darauf schließen lassen, dass es bei der Tiertötung stets einen Skrupel zu bewältigen galt. Denn diese Rituale lassen sich bemerkenswerterweise weltweit und durch die Zeiten hindurch beobachten – sowohl bei den Indianern als auch bei den Indern oder bei den Schweden, die beispielsweise lange Zeit einen Entschuldungs-Ritus pflegten, bei dem der tötende Mensch dem zu tötenden Tier mitteilt, man töte es nicht aus Hass, sondern aus Lebensnotwendigkeit.[146] Im Hintergrund stehe dabei diese Haltung: „Heilig ist dem Jäger wie dem Hirten jedes Tier, heilig ist ihnen das Leben, und jede Tötung ist bedenklich, jeder folgt die Sühne ...“[147]

Solche Entschuldungs- oder Sühnebestrebungen seien Rudolph zufolge bis in die Anfänge der wissenschaftlichen Vivisektion zu beobachten, in denen sich beispielsweise Familienangehörige von einem Tierexperimentator lossagten, der an unbetäubten Tieren schmerzhafte Experimente durchgeführt hatte. Indem sie ein Tierheim für herrenlose Hunde und Katzen errichteten, wollten sie etwas von dieser „Schuld“ wiedergutmachen.[148]

Für die Gegenwart wagt Rudolph diese Deutung:

> „Zur selben Zeit, in der Brathähnchen am Fließband ‚produziert‘ werden und Mastvieh in die Fleischfabriken wandert, ohne jemals Sonne und grüne Weiden erlebt zu haben, wächst die Zahl der Hundefriedhöfe, spezialisieren sich Veterinärmediziner auf die gewissenhafte Behandlung von Stubentieren, entstehen Tierpensionen, organisieren mittellose Studenten Ausführdienste für Hunde. (...) Es gilt lediglich zu erkennen, wie unsere Gesellschaft sich offenbar in zunehmendem Maße als unfähig erweist, ein ausgeglichenes Verhältnis zur außermenschlichen Kreatur zu finden, wie mit

rücksichtsloser Ausbeutung unserer Stalltiere in einem vorher nicht gekannten Ausmaß eine merkwürdige, gelegentlich geradezu perverse Hinneigung zu bestimmten Lieblingstieren korrespondiert. Ließe sich hier nicht bereits an eine Abreaktion eines Schuldkomplexes der Gesellschaft denken, die am Einzeltier wiedergutzumachen sucht, was sie an der Gesamtheit der Arten gesündigt hat und noch sündigt?"[149]

Es liegt jedenfalls nahe, die Ökologie- oder Tierrechtsbewegung der Gegenwart als einen Versuch zu deuten, dem totalen Zugriff auf die Natur und Kreatur im technologischen Zeitalter Einhalt zu gebieten und andere Werte geltend zu machen als die der maximalen Nutzbarmachung der Natur. Der wissenschaftlich-technisch „entzauberten" Welt wird dabei eine Perspektive entgegengestellt, die weniger von „Unterwerfung" einer „verdinglichten" Natur geprägt ist als vielmehr von Respekt vor dem Wert des Lebendigen *an sich*. In gewisser Weise wird damit wieder ein Verhältnis des Menschen zur Natur etabliert, das ihn als Teil von ihr versteht – ein Mensch-Natur-Verhältnis, in dem Sakralisierungsprozesse nicht mehr exklusiv auf eine Spezies anwendbar sind, sondern als tendenziell universal verstanden werden.

In einer neuen Haltung des größtmöglichen Respekts gegenüber dem Leben etabliert sich unter den „ökologisch und vegetarisch Orientierten" (Derrida) ein neualter Heiligkeitsbegriff, durch den sowohl die *Achtung* vor menschlichem wie nichtmenschlichem Leben als auch die *Verehrung* einen neuen Platz erhält. Zwar wird dabei nicht mehr explizit nach einem Schöpfer gefragt oder nach einem Sinn hinter allem. Wohl aber dürfte der achtsame Umgang mit dem Leben und der unbedingte Respekt ihm gegenüber als eine verborgene, lebenspraktische *Religiosität im Vollzug* angesehen werden, die wieder einen, gewissermaßen säkular-transformierten, Begriff vom „Heiligen“ und Unverfügbaren hochhält und in diesem Sinne auch einen Transzendenzbezug kultiviert.

6. Die Ehrfurcht

Unterwegs zu einer weltlichen Religiosität

Versuch einer ökologischen Spiritualität

Immer wieder ist es in der Religionsgeschichte geschehen, dass vorfindliche Gehalte der religiösen Überlieferung nur in einer verwandelten Gestalt Relevanz und Evidenz in ihrer jeweiligen Gegenwart entfalten konnten. Die Religionsgeschichte kann als ein kreativer Prozess der Verbindung von *Tradition* und je neuer *Inspiration* und *Transformation* verstanden werden. So sind neue religiöse Bewegungen, Konfessionen und Religionen entstanden, die in ihrem Beginn noch den Keim des Alten in sich trugen, diesen aber schließlich in eine neuartige Form überführten. Im Folgenden sollen zwei derartige Transformationen in der Christentumsgeschichte näher beleuchtet werden, um schließlich das Modell einer „weltlichen Mystik" für die Gegenwart in Gestalt einer ökologischen Spiritualität vorzustellen.

Es soll zuerst um das 1. Jahrhundert nach Christus gehen, um die *Geburt des Christentums* aus der jüdischen Apokalyptik heraus, die der „Geburtshelfer" Paulus mit seiner spezifischen Deutung des Lebens, Sterbens und Auferstehens Jesu Christi geschaffen hat. Daran anschließend soll es um das 20. Jahrhundert gehen, um die *Geburt einer philosophisch-mystischen Liebesethik* aus der traditionellen Christusmystik heraus, die der „Geburtshelfer" Albert Schweitzer (1875–1965) geschaffen hat. Schweitzer kam zu seiner berühmten Ethik der Ehrfurcht vor dem Leben über seine Forschungen zur Theologie des Paulus. Man könnte sagen: Er hat sich von der religiösen Kreativität des Paulus anstecken lassen. Denn ebenso wie Paulus hat Schweitzer eine *neue Form* gesucht, in der traditionelle religiöse Inhalte mit dem Vorstellungshorizont und den Notwendigkeiten seiner Gegenwart verbunden werden.

Albert Schweitzer hat sichtbar gemacht, dass sich in bestimmter Hinsicht seine Gegenwart mit der Zeit und Situation des Paulus ähnelte, in der sich 2000 Jahre zuvor das Christentum herausgebildet hat. Damals wie heute ist die selbstverständliche Bezogenheit auf eine vorgefundene Religionstradition, auf ein bestimmtes Welt- und Menschenbild verloren gegangen – und es wurde etwas Neues erforderlich. Im ersten Jahrhundert wurde die große Transformation der alten Religionstradition des Judentums ausgelöst durch den prophetischen Wanderprediger Jesus von Nazareth und ausgestaltet durch den „Heidenapostel" Paulus von Tarsus, so Schweitzer. Demnach könne das Christentum begriffen werden als eine kreative Verwandlungsbewegung, mit der ein altes Zeitalter und eine vorgefundene Religion in ein neues Zeitalter und eine neue Religion überführt wurde.

Jesus von Nazareth hatte mit seiner endzeitlichen Reich-Gottes-Botschaft auf der Nahtstelle zwischen alter und neuer Zeit die Brüchigkeit des damaligen Weltverständnisses akut gemacht und betont, dass der Mensch unmittelbar und unvertretbar vor Gott stehe. Er hat, so Schweitzer, die Gnade über das Gesetz, die Eigenverantwortung über die Unterordnung, die Gottunmittelbarkeit über die Gesetzesvermittlung gestellt und somit die Religion neu definiert.

Schweitzer hat in seinem Buch „Die Mystik des Apostels Paulus" (1930) weiterhin festgestellt, dass die durch Jesus von Nazareth zunächst nur in einem begrenzten Umfeld ausgelöste Bewegung nicht in ein neues globales Paradigma der Welt- und Glaubenssicht geführt hätte, wenn nicht der Apostel Paulus den jesuanischen Endzeit-Impuls für die jüdischen Gläubigen für alle Menschen übernehmbar gemacht hätte. Wie diese Geburt des Christentums aus der paulinischen „Mystik des Seins-in-Christus" vonstattenging, beschrieb Albert Schweitzer in folgender Weise[150]:

Für Paulus funktionierte nach seiner Begegnung mit dem auferstandenen Christus das bis dahin übliche *lineare* Zeitverständnis nicht mehr. Denn dieses lebte von einer strikten Unterscheidung zwischen Diesseits und Jenseits – Zeit und Ewigkeit waren voneinander getrennte und aufeinanderfolgende Bereiche. In der für Paulus geltenden jüdischen Apokalyptik wurde geglaubt, die endliche Weltzeit und der endliche Mensch laufen auf das künftige Ziel der ewigen Gotteszeit zu, die auf das Ende der Welt/des Lebens folgt. Doch das Ereignis der Auferstehung Jesu bedeutete, dass *inmitten* der endlichen Weltzeit die *ewige* Gotteszeit angebrochen war – und fortan beide Zeiten *gleichzeitig* existieren: die menschliche und die göttliche; ein Ineinander der Zeiten und ein Ineinander der göttlichen und menschlichen Sphäre. Galt Gott bislang als metaphysisch-jenseitiges Gegenüber, das einstmals der Schöpfer der Welt war und einmal der Richter der Welt sein würde, ist das Göttliche nun in die Welt und Zeit hineingebrochen. Und der Ort dieses Ineinanders des Göttlichen und Menschlichen liegt im einzelnen Gläubigen, in dessen Verbundensein mit Christus.

Für Schweitzer war Paulus derjenige, der den bisherigen Glauben an eine kosmologische Zeitenwende in eine *innerliche* Zeit- und Lebenswende des Gläubigen verwandelt hat – indem er das Auferstehungsereignis aus dem spätjüdisch-apokalyptischen Verstehenshorizont herauslöste und in die „Mystik des Seins-in-Christo" überführte. Die messianische Zeit liegt damit nicht mehr in der Ferne, sondern bricht im *Hier und Jetzt, im Inneren* des mit Christus verbundenen Gläubigen an und wird dort Wirklichkeit.[151]

An einer Stelle fasst Schweitzer die Sicht des Paulus so zusammen: „Der Fundamentalgedanke der paulinischen Mystik lautet: Ich bin in Christo; in ihm erlebe ich mich als ein Wesen, das dieser sinnlichen, sündigen und vergänglichen Welt enthoben ist und bereits der verklärten Welt angehört; in ihm bin ich der Auferstehung gewiss; in ihm bin ich Kind Gottes." Die „Mystik des Seins-in-Christo" äußere sich als das „Ergriffensein von dem Liebeswillen (…), der in uns Tat werden will“. Gott werde in Jesus Christus als „Wille der Liebe“ offenbar.[152]

Hier wird schon der eigene Versuch Albert Schweitzers erkennbar, eine zeitgemäße Religiosität für seine Gegenwart zu formulieren. „Mystik“ versteht er dabei in der Gefolgschaft von Paulus als die Verflochtenheit von Menschlichem und Göttlichem, das sich im Willen zur Liebe und in der Tat der Liebe *ereignet*. Wie bei Paulus mündet die Mystik also auch im Verständnis Albert Schweitzers in einer *Mystik der Tat*, die die verwandelnde Bewegung des neuen, ewigen Lebens in der tätigen *Liebe* verwirklichen möchte.

In dieser Rekonstruktion der Christentumsentstehung hat Albert Schweitzer gleichsam unter der Hand einen eigenen mystischen Entwurf für seine Gegenwart formuliert, den er später systematisch ausführen wird: Er überführte die traditionelle Christusmystik in eine zeitgemäße rationale Mystik, in eine „ethische Mystik“ – die Ethik der Ehrfurcht vor dem Leben –, mit der er das Wesentliche des Christlichen zu retten versucht. Sowohl die traditionelle „Mystik des Seins-in-Christo“ wie die moderne Lehre von der Ehrfurcht vor dem Leben stellen ihm zufolge eine Antwort auf die Frage dar: „Wie kann ich mich als in der Welt und als zugleich in Gott seiend erfassen?“[153]

Für Schweitzer war es dabei allerdings nicht wie bei Paulus eine Begegnung mit dem auferstandenen Christus, die zu seinem neuen Mystikentwurf führte. Für ihn war es das alles verändernde Erlebnis einer Begegnung mit einer

Herde Flusspferde während einer Schifffahrt auf dem afrikanischen Ogowe-Fluss: „Am Abend des dritten Tages, als wir bei Sonnenuntergang gerade durch eine Herde Nilpferde hindurchfuhren, stand urplötzlich, von mir nicht geahnt und nicht gesucht, das Wort ‚Ehrfurcht vor dem Leben' vor mir."[154] Hierbei erfuhr er tief in seinem Inneren das Einssein allen Willens zum Leben. Er spürte, dass er nur dann ganz Mensch sein könne, wenn er den eigenen Willen zum Leben in Verbundenheit mit den anderen *Willen zum Leben* um ihn herum verstehe und den dadurch erweckten *Willen zur Liebe* zur Wirkung kommen lasse.

Im Widerspruch zur Grausamkeit der Natur mit ihrem erbarmungslosen Gesetz des Fressens und Gefressenwerdens qualifizierte Schweitzer diesen inneren *Willen zur Liebe* im Menschen als göttlich. Für ihn wurde die gelebte Ehrfurcht vor allem Leben – das Miterleben und Mitleiden, das grenzenlose Lieben – die passende religiöse Form der Gegenwart. Er hatte die von ihm lange gesuchte „denkende Mystik" oder „ethische Mystik" gefunden, die ohne Metaphysik und traditionelle Theologie auskommt und anschlussfähig ist für die mündigen Menschen seiner Zeit. Das Ergriffensein von der Liebe qualifizierte er als ein Ergriffensein vom lebendigen Gott – ohne dass „Gott" dabei noch explizit benannt werden müsste. Es ist *Gott im Vollzug*. Denn allein durch das Ergriffensein und Mitvollziehen der *Liebe* könne man Schweitzer zufolge jenseits aller Erkenntnis und aller Rätsel der Welt leben und – bewusst oder unbewusst – Gemeinschaft mit Gott haben.[155]

Zusammenfassend bekannte Schweitzer einmal: „Die Weltanschauung der Ehrfurcht vor dem Leben ist ethische Mystik. Sie lässt das Einswerden mit dem Unendlichen durch ethische Tat verwirklicht werden."[156] In dem Bestreben, anderes Leben zu erhalten, zu schützen und zu fördern, werde man eins mit den anderen Willen zum Leben um sich herum und damit unvermittelt zum Teil einer mystischen Bewegung. Denn: „Wo in irgendeiner Weise mein Leben sich an Leben hingibt, erlebt mein endlicher Wille zum Leben das Einswerden mit dem unendlichen, in dem alles Leben eins ist."[157] Dieses Einswerden mit dem „unendlichen Willen zum Leben" geschehe in der Hingabe an anderes Leben – beispielsweise dort, wo man sich helfend und fördernd anderem Leben zuwendet. In dieser Liebe wirke dann ein Prinzip, das nicht allein aus der Welt heraus erklärbar sei und von Schweitzer als religiös oder transzendent qualifiziert wurde. So konnte er formulieren: „Das Ahnen und das Sehnen aller tiefen Religiosität ist in der Ethik der Ehrfurcht vor dem Leben enthalten."[158]

Immer wieder formulierte Schweitzer mögliche Konsequenzen aus diesem Erleben und Mitvollziehen der Ehrfurcht vor allem Leben: „Wenn ich ein Insekt aus dem Tümpel rette, so hat sich Leben an Leben hingegeben und die Selbstentzweiung des Lebens ist aufgehoben." Oder: Der wahrhaft ethische Mensch „reißt kein Blatt vom Baume ab, bricht keine Blume und hat acht, dass er kein Insekt zertritt. Wenn er im Sommer nachts bei der Lampe arbeitet, hält er lieber das Fenster geschlossen und atmet dumpfe Luft, als dass er Insekt um Insekt mit versengten Flügeln auf seinen Tisch fallen sieht."[159] Schweitzer schuf somit eine gewissermaßen *religionslose Frömmigkeit*, indem er das unmittelbare Erleben des geheimnisvollen Lebenswillens in sich und anderen sowie die Liebesfähigkeit und -tätigkeit zur Möglichkeit des Rückgebundenseins an Göttliches (religio) macht.

Es ist wohl kein Zufall, dass Albert Schweitzers universelle und ökologische Mystik heute vor dem Horizont der ökologischen Krise neu entdeckt wird. Beispielsweise von dem brasilianischen Theologen und Träger des Alternativen Nobelpreises Leonardo Boff. Er schreibt: „Von äußerster Aktualität ist Albert Schweitzer. Er hat eine großartige Ethik der Ehrfurcht vor allem Sein und vor dem Leben in all seinen Formen ausgearbeitet." Diese Ethik des Respekts sei grundlegend, gerade im gegenwärtigen Augenblick, da sich die „Mutter Erde" in einer gefährlichen Stresssituation befinde, und angesichts der Heftigkeit des Ausbeutungsprozesses, in dessen Verlauf ihr alle ihre Güter und Dienste bis zu ihrer totalen Erschöpfung abverlangt würden.[160] Boff wirbt im Anschluss an Schweitzer für eine ökologische Spiritualität, eine neue Geisteshaltung gegenüber der Natur, um die im Gange befindliche ökologische Katastrophe abzuwenden. Das bedeute vor allem, die jahrhundertealte kulturelle Auffassung zu überwinden, der Mensch sei getrennt vom Rest der Natur und habe Herrschaftsbefugnisse über sie. In Anlehnung an die frühe afrikanische Vorstellung von der Erde als Mutter erweitert Boff das auf den

Menschen verengte Weltbild und entwirft eine Mystik der Verbundenheit allen Lebens, ein *tiefenökologisches Bewusstsein*, wie er es nennt. Darin erkennt sich der Mensch als Teil einer umfassenden Gemeinschaft des Lebens – und begreift sich selbst als *Erde:* als hineinverwoben in die große irdische Gemeinschaft allen Lebens, in der ein gemeinsames Lebensprinzip wirkt:

> „Das dynamische Prinzip der Selbstorganisation des Universums ist in allen Teilen und im Ganzen am Werk, ohne Namen und ohne Bild. Gott ist der Name, den die Religionen gefunden haben, um ihn aus der Anonymität heraustreten zu lassen und ihn in unser Bewusstsein und unsere feierliche Verehrung hineinzunehmen. Es ist ein Name, der ein Geheimnis umschreibt, ein Ausdruck unserer Verehrung. Er ist im Herzen des Universums da. Der Mensch fühlt ihn in seinem Herzen in Gestalt des Enthusiasmus (im Wortsinn heißt Enthusiasmus ‚einen Gott in sich haben'). Der Mensch nimmt wahr, dass er als Sohn bzw. Tochter in dieses Geheimnis aufgenommen ist."[161]

Diese „tiefenökologische Geisteshaltung" sei Boff zufolge heute nicht nur der Ausweg aus der ökologischen Krise, sondern auch ein möglicher spiritueller Weg – ein Weg, um in den Raum der Gotteserfahrung einzutauchen, in „das Geheimnis, das alles umgibt, alles durchdringt, in allem aufscheint, alles trägt und alles aufnimmt" –, dem man sich auf im Zuge einer neuen Ehrfurcht vor der Erde nähern kann.[162]

Bereits der jüdische Religionsphilosoph Martin Buber (1878–1965) hatte formuliert: „Im Anfang ist die Beziehung."[163] Er hat damit auch eine grundlegende theologische Aussage getroffen: „Gott" kann demnach nur als *Beziehung* gedacht werden, als das Prinzip der Beziehung, als die Kraft der Beziehung, als Austausch, Anerkennung, Zusammengehörigkeit, Wechselseitigkeit und Kooperation. Somit wäre nicht entscheidend, welche Lehren und Aussagen über „Gott" gemacht würden, sondern wie er sich vollziehe: „Gott ist hier nicht als höchstes Objekt ausgesagt, sondern als die gegenseitige, sinngewisse, handelnd gelebte Beziehung zum Leben. Gott wird nicht gefunden wie ein kostbarer Stein oder die blaue Blume, sondern Gott ereignet sich. Gott geschieht. God happens", schrieb dazu die Theologin Dorothee Sölle (1929–2003).[164] Insofern wäre eine ökologische Spiritualität keine Verfremdung des Gottesgedankens, sondern seine zwingend logische Ausführung.

Auch Papst Franziskus hat in seiner Umwelt-Enzyklika „Laudato si" (2015) in die Richtung einer tiefenökologischen Religiosität gedacht, wenn er schreibt: „Das Göttliche und das Menschliche begegnen einander in den kleinsten Details des nahtlosen Gewandes der Schöpfung Gottes, sogar im winzigen Staubkorn unseres Planeten. (…) Wir brauchen eine neue universale Solidarität. (…) Wenn das Herz wirklich offen ist für die universale Gemeinschaft, dann ist nichts und niemand aus dieser Geschwisterlichkeit ausgeschlossen."[165]

Diese Haltung bedarf keines Dogmas und keiner verfassten Religion, sie erwächst letztlich aus der „instinktiven Ehrfurcht vor dem Leben", die laut Albert Schweitzer in uns angelegt ist, weil wir selbst „Willen zum Leben" sind und Liebe spüren und teilen können. Die aber freilich gewissermaßen kultiviert werden sollte durch Achtsamkeit und Sensibilität für anderes Leben. Das daraus erwachsende Streben nach einem Nicht-Schädigen anderen Lebens kann als eine unmittelbare und religionslose Religiosität angesehen werden, die sich nicht nur als anschlussfähig, sondern auch als notwendig für das 21. Jahrhundert erweist.

7. Die zerspringende Diesseitsrinde

Versuch über das Heilige in der Gegenwart

Es hat sich gezeigt: Begibt man sich heute auf die Suche nach dem Heiligen, betritt man ein unübersichtliches Feld – vor allem aber ein hierzulande bezüglich traditioneller Religiosität weitgehend brachliegendes, verödetes Feld. Und doch ist da auch ein Sehnen und Suchen. Das Religiöse in einem weiteren Sinne erweist sich als durchaus vital. Die Geschichte des Göttlichen ist im säkularen Zeitalter nicht zu Ende. Sie hat sich nur gewandelt und hat viele Gesichter bekommen, die bisweilen erst auf den zweiten Blick als gewissermaßen Religiöses erkennbar werden. Heute weht der Geist Gottes wirklich, wo er will.

Einerseits bricht sich das Religiöse Bahn in einem erstarkenden Fundamentalismus und einer boomenden Esoterik. Aber auch in der religiösen Bemäntelung politischer Macht. Doch auch über diese äußeren Phänomene hinaus ist nach Ansicht des Religionsphilosophen Hans Joas heute von einer ungebrochenen „Macht des Heiligen" auszugehen, freilich in gewandelter Gestalt. Er sieht das Heilige in verborgener Weise am Werk, beispielsweise wenn der Mensch sich Ideen und Idealen verschreibt, absolute Werte aufstellt, Erfahrungen des Ergriffenwerdens symbolisch deutet, Gläubigkeiten entwickelt und etwas verehrt; wenn Erlebnisse einer größeren Kraft gemacht werden, die unverfügbar bleibt – etwa in Naturerlebnissen oder bei der Geburt eines Kindes oder im Sterben. Dann werde ein Prozess der Sakralisierung in Gang gesetzt, der sich mitunter in bestimmten Ritualen, Idealen, Werten niederschlagen kann. Dabei werde – ausgesprochen oder unausgesprochen – eine Deutung vorgenommen, mit der die Domäne des Heiligen betreten wird: „Wir können uns, so klein unsere Stellung im Universum ist, als bedeutungsvollen, in unserer Individualität einmaligen und zur Mitwirkung aufgerufenen Teil eines Ganzen empfinden, bei aller ständigen Gefährdung als berechtigt zum Vertrauen in eine uns tragende Ordnung."[166]

Dabei könne Joas zufolge das, was aufgrund ergreifender Erfahrungen als „heilig" gedeutet wird, verschiedene Gestalt annehmen: „Eine Vielzahl von Personen und Kollektiven, Gegenständen und Ideen kann sakralisiert werden: der Herrscher und das Land, das Volk und die Nation, die Rasse oder eine Klasse, die Wissenschaft oder die Kunst, die Kirche oder die Ware und der Markt."[167] Letztlich bedeutet das für Joas, dass wir heute weder in religiös „entzauberten" Zeiten leben noch in religiös „wiederverzauberten", sondern dauerhaft in Zeiten des „Heiligen": in Zeiten der Deutungen und Geschichten, die wir über unser Leben und unsere Welt erzählen, der Symbole und Riten, die wir finden, um unsere Liebe auszudrücken, und der Formen, mit denen wir unsere Verehrungen ausdrücken.

Und doch besteht kein Zweifel daran, dass die Dimension des Religiösen in ihrer gewohnten Form im Schwinden begriffen ist und die eigentliche religiöse Signatur der Gegenwart die der *Ohnmacht* der Religion ist. Die neuen *Leerstellen* in Bezug auf das Religiöse sollten deshalb zunächst einmal erkannt und anerkannt werden. Um dann zu entdecken, wie und wo sich – womöglich religionslos geworden – „Heiliges" wieder eröffnet und welche neue Sprache es findet. Es ist möglich, dass die Lyriker oder die Denker des Anderen oder die Künstler oder die Mitfühlenden und Skrupulösen heute näher an das „Heilige" – an „Gott" – herantasten als es die offiziellen Formen der Religion vermögen oder die neuen Ersatzreligionen der Esoterik oder des Fundamentalismus.

„Das Heilige" erscheint heute als vielgestaltig und mehrsprachig. Es kann einen unvermittelt anrühren – in einem Wort, in einem Augen-Blick, in einer Erkenntnis, in einer Begegnung, in einem Bild, in einem unbedingten Gefühl. Es vermag einen dabei ins Offene zu versetzen und die allzu abgeschlossen erscheinenden Räume der Selbst-Einschnürung zu entriegeln.

Das Religiöse könnte sich heute noch als bitter notwendige Ressource erweisen, wenn die im Zuge der Digitalisierung und Ökonomisierung des Lebens immer umfassender werdenden Einengungen und Entmenschlichungen des Menschen fortschreiten. Ausgeliefert an allmächtige Algorithmen und präparierte Konsumanreize, gebunden an stets zu optimierende Funktionskreisläufe, gebannt im

Spiegelsaal virtueller Sozialität könnte es sein, dass der heutige Mensch sich gänzlich verliert in sich selbst. Die vermeintliche Kontrollier- und Optimierbarkeit des Lebens und das permanente Bezogensein auf sich selbst könnten die Dimensionen des Nicht-Beherrschbaren und Angewiesenseins ausblenden, könnten Grenzen der Verfügbarkeit auflösen und Verantwortung für andere schwinden lassen. Das Urproblem des Menschen, das Verkrümmtsein in sich selbst (Martin Luther), erscheint aktueller denn je: das Leben läuft dann in die Leere, in die Beziehungslosigkeit, in die Hoffnungslosigkeit. Der Glaube – das Vertrauen in das Göttliche als höhere Macht – lässt den Menschen dagegen in einer größeren Hoffnung und einem größeren Sein ankommen und zu Hause sein.

Es könnte sein, dass in der Moderne allzu lange nur die reine Immanenz betont wurde, nur das Diesseits des Menschen ernst und wichtig genommen wurde. Und so könnte viel gewonnen werden, wenn die Grenzräume zur Transzendenz wieder kultiviert würden – und dabei eine verloren geglaubte Weitsicht, eine Hoffnung wiederentdeckt würde, eine größere Liebe, ein Vibrieren des Anderen als geheimnis- und verheißungsvoller Ankerpunkt jenseits des Egos. Mag sein, dass die Stunde der Macht der Religion vorbei ist. Aber die in ihr wohnende Bewegung, die immanent-transzendenten Grenzbereiche zu erschließen, bricht sich auch heute Bahn. Sie kann heute auch im Dichten, Denken und Lieben, in der Hingabe, in der Solidarität, in der Begegnung mit Fremdem gefunden werden. Es könnte sich lohnen, dorthin aufzubrechen und dabei auszubrechen aus dem elend-endlosen Kreisen um sich selbst. Denn der Mensch braucht mehr als nur sich selbst.

Wenn die hierzulande lange den Bereich des Religiösen dominierenden Kirchen um diese Bedingungen echten Religiös-Seins wissen und weiter einen Weg zum göttlichen Geheimnis darstellen wollen, sollten sie ihre Begriffe, Dogmen und Bilder von Gott neu verflüssigen, neu versprachlichen, neu in Leben übersetzen – sie aus der Starre eines vermeintlich äußeren Wahrheitscharakters lösen, damit sie neu auffindbar werden für die Sinnsuche von Menschen. Das heißt: den traumähnlichen Gehalt der biblischen Bilder und Geschichten aufscheinen lassen und die Symbole des Göttlichen als Symbole vermitteln und eben nicht als Signaturen einer äußeren Zugehörigkeit oder kulturellen Identität.

So wie es möglicherweise der Dichterin und Ordensschwester Silja Walter (1919–2011) gelungen ist, die in ihrer Lyrik zwar aus den geprägten Bildern der christlichen Tradition schöpft, diese aber durch einen verfremdenden „wilden" Blick dem Leser als neuen Raum vorstellt, in dem sich das Göttliche plötzlich – in einem Wort, einem Bild, einem Symbol – als sinnhaft, als verbunden mit dem eigenen Leben, als neuer Horizont erschließen kann. Zum Beispiel in dem Gedicht mit der Überschrift „Blumen":

> „Auch in Anemonen und Nelken / ist das Reich und die Herrlichkeit / für den, der es sieht, der durch / alles hindurchsieht – // Auch in uns ist ein Lobgesang, / Preis-

> lied und Dankgebet, / Schweigen und / Staunen vor dir / für den, der es sieht, / der durch alles hindurchsieht – // Auch in uns ist Gleichnis / und Wahrheit / und Leben und Fest / Schimmer und Skizze / des schönen Schöpfers und Herrn, / hier unter uns / Sein Wohlgeruch erfüllt alle / Welt, / und hinter allem / leuchtet auf sein Gesicht, / für den, der es sieht, / der durch alles hindurchsieht / mit durch-sichtigen Augen."[168]

In ihrer Dichtung verwebt Silja Walter unmittelbar zugängliche Naturbilder, existenzielle Gefühlslagen, ein inneres Singen angesichts von Schönheit und ein inneres Schreien angesichts vom Schmerz des Lebens, mit Urbildern aus der Tiefe der religiösen Überlieferung. Es sind Figuren und Symbole, die oft erst auf den zweiten Blick als aus der christlichen Tradition stammend sichtbar werden, aber in den neuen sprachlichen Bezügen wieder zu aufschließenden Wahrheiten werden. Dabei thematisiert Walter auch den unumkehrbar scheinenden Verlust des selbstverständlichen Gottesglaubens in der Gegenwart. Sie kleidet deshalb das alte göttliche Geheimnis in neue, mystische Weisen, die in der Erfahrung des Verlierens des Tradiert-Göttlichen einen neuen Aufbruch zum ewigen Geheimnis wagen:

> „Abwesenheit ist / dein Wesen / darin finde ich dich / Die Nägel / meiner Sehnsucht / bluten vom Kratzen / an den Eismeeren / der Welt / Verkohlt ist die Sucht / meiner Suche / in seiner Kälte / Aber da bist du / darin /

seit das Kind schrie / bei den Schafen / und brennst / lichterloh / zu mir.“[169]

Was Silja Walter gelingt, ist nichts weniger als die Verflüssigung der Rede vom Göttlichen, das nun nicht mehr in der starren Hülle einer konfessorischen Korsage, einem äußerlich-traditionalen Begriff verharrt, sondern in persönlichen Erfahrungen als unvermittelter Lichteinfall von anderswoher jäh über der eigenen Existenz aufscheint und etwas Anderes erschließt. Walters Gedichte erzeugen etwas, das wohl früher Gebet genannt wurde: das Hinhalten des Erfahrenen in einen größeren Raum, das Sehen des Erlebten in einem neuen Licht, das Suchen nach einem Verstehen und einem Vertrauen, das Ausdrücken eines inneren Zustands und das Adressieren einer Not an ein unnennbares göttliches Gegenüber. Dabei eröffnet sich im eindimensional erscheinenden Raum der Existenz eine Tiefendimension, die das Erfahrene in einer göttlichen Weite verortet, in der Geborgenheit zu finden wäre:

„Als ich immerfort an meine / Grenzen stieß, / verließ ich mein Zuhause und ging fort // (…) Grenzenlos nahm mich der Grenzenlose / samt meinen Grenzen an. / Nein, er zerbrach sie nicht. / So wie ich bin, und ich nicht anders kann, / als immer noch begrenzt zu sein, / geh ich nun Tag um Tag, / so wie mein Alltag läuft, / geh ich nun ein / in meines Grenzenlosen grenzenloses Licht.“[170]

Gott zu befreien aus dem Gebaren einer institutionalisierten Form der verwalteten Wahrheit könnte das Programm einer Religiosität des 21. Jahrhunderts sein. Es könnte dabei auch darum gehen, immer wieder die felsenfest scheinende Wahrheit von Zeit und Raum zu transzendieren und die jenseitigen Bereiche auszuloten – um gleichsam dem göttlichen Anderen, dem raum-zeitlichen Jenseits auf halbem Weg entgegenzugehen. Auch dafür hat Silja Walter eine neue Sprache gefunden:

> „Glaubst du, dann bist auch du darin im / Heutehierundjetzt, / dem stunden- und dem ortlosen Ort auf Erden, / an dem die dicke Diesseitsrinde / ein für allemal zersprang / und sich der schwere Stein davor / von selber zur Seite drehte – und du bist Magdalena. (...)“[171]

Die Kirchen sollten, um ein überzeugender Weg zu Gott zu bleiben, gewissermaßen religionsloser und mystischer werden und nicht den stärker werdenden Versuchungen erliegen, wieder äußere Macht zu erlangen, indem sie beispielsweise Teil eines Kulturkampfes werden. Freilich speichern sie auch einen kulturellen, vor allem auch einen ethischen Gehalt ihres Kulturkreises. Aber würden sie dem Eifer erliegen und ihre Inhalte zur feindlichen Abgrenzung von anderen benutzen, wäre es, als würden sie ihre innersten Wahrheiten, in denen es immer um die Universalisierung der Liebe geht, verraten. Verführerisch ist die Teilnahme an identitären Projekten, weil damit in Zeiten ihres schwindenden Einflusses die Kirchen noch einmal einen Hauch von Bedeutung und Berechtigung erführen. Doch dies könnte sich als trügerisch und von kurzer Dauer erweisen, denn sie verlören als bloße kulturelle Identitätsstiftungen ihr Eigentliches, ihren *religiösen* Gehalt. Das Mystische, das Erschließen der Dimension des Anderen, die Eröffnung der inneren Wahrheit der Symbole und Bilder führt zu Gott, nicht aber die durch die Geschichte längst entzauberte Illusion, Gott sei die Verlängerung des Eigenen und bedürfe einer rabiaten Verteidigung gegen andere Wahrheitsansprüche.

Die Chance der Säkularisierung besteht darin, dass die Kirchen ohnmächtig sein dürfen und ihren Verlust äußerer, irdischer Mächtigkeit annehmen dürfen – und dabei ihre eigentliche Bedeutung und ursprüngliche Spur wieder aufnehmen können: die Erschließung eines inneren Glaubens, Hoffens und Liebens. Die Kirchen könnten dort relevant werden, wo sie einen Raum des Mystischen darstellen – leer geworden von der äußeren Rede von Gott und frei geworden für die wirklich religiösen Suchbewegungen des Einzelnen und die Heimsuchbewegungen des Göttlichen. Die Kirchen könnten sich dabei als ein Erinnerungsraum verstehen lernen, der an die überlieferten Einfälle des Göttlichen in die Geschichten von Menschen erinnert. Es könnte der Sinn der Kirchen heute sein – ähnlich dem der Lyrik –, den Einzelnen aus seinen Selbstabschließungen herauszuführen und allen modernen und totalitären Illusionen zu widersprechen, die behaupten, es gebe nur das Eine und

das Eindeutige und das Ziel sei die totale Machbarkeit des Menschenmöglichen.
Die Kirchen könnten aus der Tiefe ihrer biblischen Gotteserfahrungsgeschichten das Recht des Menschen auf Begrenztheit und Angewiesensein auf Anderes verteidigen – weil die Offenheit eines *Grenzwesens* in ihm wohnt, das nicht bei sich angefangen hat und auch nicht bei sich aufhören wird, sondern immer als ein Antwortwesen in Beziehungen zu und Bezogenheiten auf Anderes, auch auf Göttliches, lebt.
Gerade an den Rändern des Eigenen wird also etwas von „Gott" sichtbar: dort, wo ein fremder Horizont aufscheint oder wo eine Bewegung auf ein Anderes geschieht, zum Beispiel die Bewegung des Mitleids mit einem beschädigten Leben. Entdeckt werden könnte die tiefe Wahrheit des Christlichen, dass Gott in der liebenden Hinwendung zum Leidenden zu finden ist. Die Wege zu ihm sind keineswegs verschlossen. Es heißt: Christus macht sich auffindbar in der helfenden Bewegung zu Hungrigen, Gefangenen, Kranken und Fremden (Matthäus 25). Es ist der Weg der Liebe und Hinwendung, auf dem unversehen Jesus selbst gefunden wird im Hungrigen, im Kranken, im Gefangenen, im Fremden. Und so kann auch heute geschehen, was Albert Schweitzer so unnachahmlich festgestellt hat: „Als ein Unbekannter und Namenloser kommt er [Jesus] zu uns, wie er am Gestade des Sees an jene Männer, die nicht wussten, wer er war, herantrat. Er sagt dasselbe Wort: Du aber folge mir nach! Und stellt uns vor die Aufgaben, die

er in unserer Zeit lösen muss. Er gebietet. Und denjenigen, welche ihm gehorchen, Weisen und Unweisen, wird er sich offenbaren in dem, was sie in seiner Gemeinschaft an Frieden, Wirken, Kämpfen und Leiden erleiden dürfen, und als ein unaussprechliches Geheimnis werden sie erfahren, wer er ist ...“[172]

Mit diesen mystischen Versuchen der Poetisierung des Lebens und der praktisch-konkreten Liebestätigkeit kehrt die Kirche gewissermaßen zu ihrem Ursprung zurück. Denn wir befinden uns heute im Grunde wieder in der Situation der ersten Christen, die einen *neuen* Raum der Begegnung mit dem Göttlichen betraten und neu danach suchen mussten, wie *ihre* spezifische Antwort auf das Herausgerufenwerden durch das Göttliche aussehen kann – jenseits ihrer Tradition. Die ersten Christen sind – durch die umwälzende Begegnung mit Jesus von Nazareth und seiner Auferstehung – auf eine neue Schwelle gezogen worden und befanden sich plötzlich jenseits vorgeformter, fertiger Antworten ihrer Religion. Sie erlebten neu, was der Kern aller Religion ist: dass sich das Göttliche immer wieder neu und unverfügbar in einer Erfahrung ereignet, auf die eine eigene Antwort gegeben werden muss. Die Jüngerinnen und Jünger konnten dabei nichts *wissen* vom Göttlichen und es im Übrigen auch nicht *berühren.* Aber sie konnten mit ihrem je eigenen Leben eintreten in die von Jesus von Nazareth so neuartig entfachte Bewegung auf das große, göttliche Andere hin – eintreten in den wiederentfachten Sog, der vom Paradies herrührt und als eine bergende, heimführende Kraft neu erlebt wurde in der Nachfolge des Jesus von Nazareth.

Die Kirchen könnten heute dieses Bewegtwerden vom unverfügbaren Göttlichen und dieses Unterwegssein in den Spuren des Jesus von Nazareth deutlich machen und den Menschen damit verteidigen gegen die totalitären Ansprüche seiner Gegenwart, wo oft nichts mehr heilig scheint und keine Unverfügbarkeiten gelten gelassen werden. Damit ist für den modernen Menschen ein Ausweg aufgezeigt aus seiner Überformung und Überbeanspruchung. Er liegt vor allem in der Einsicht, dass der Mensch seine Existenz und Identität nicht selbst leisten kann und muss, sondern vor Gott seine Unabgeschlossenheit, Unfertigkeit, Bruchstückhaftigkeit annehmen darf – darauf vertrauend, dass seine größere, göttliche Kraft an ihm wirkt. Der Mensch darf sein Eingeschlossensein in sich selbst übersteigen, sich relativieren, einen Anker im Göttlichen setzen und sich liebend in die Bewegung der Liebe in ihren tausend möglichen Gestalten hineinbegeben – und sich so wieder als das immanente *und* transzendente Beziehungswesen und Liebeswesen begreifen, das er ist. Denn es dürfte wahr und auch der Weg der Religiosität der Zukunft sein, was im 1. Johannesbrief 4 zu lesen ist: „Gott ist die Liebe; und wer in der Liebe bleibt, der bleibt in Gott und Gott in ihm. (...) Furcht ist nicht in der Liebe, sondern die vollkommene Liebe treibt die Furcht aus."

Literaturverzeichnis

Adorno, Theodor W.; Horkheimer, Max: Dialektik der Aufklärung. Philosophische Fragmente. Leipzig 1989.

Amery, Carl: Global Exit. Die Kirchen und der Totale Markt. Neuwied 2002.

Bauer, Thomas: Die Vereindeutigung der Welt. Über den Verlust an Mehrdeutigkeit und Vielfalt. Stuttgart 2018 (4. Auflage).

Benjamin, Walter: Kapitalismus als Religion. In: Dirk Baecker (Hrsg.): Kapitalismus als Religion. Berlin 2003.

Berger, Peter L.: Der Zwang zur Häresie. Religion in der pluralistischen Gesellschaft. Freiburg i. Br. 1992.

Borchert, Wolfgang: Draußen vor der Tür. Mit einem Nachwort von Heinrich Böll. Hamburg 2006 (88. Auflage), S. 42f.

Blumenberg, Hans: Die Sorge geht über den Fluss. Frankfurt a. M. 1987.

Blumenberg, Hans: Matthäuspassion. Frankfurt a. M. 1988.

Blumenberg, Hans: Trostbedürfnis und Untröstlichkeit des Menschen. In: Beschreibungen des Menschen. Frankfurt a. M. 2006.

Böhme, Hartmut: Zur Theologie der Telepräsenz. In: Frithjof Hager (Hrsg.): KörperDenken. Aufgaben der historischen Anthropologie. Berlin 1996.

Boff, Leonardo: Mutter Erde. Warum wir als Krone der Schöpfung abdanken müssen. München 2012.

Buber, Martin: Ich und Du. Stuttgart 1995 (Reclams Universal Bibliothek Nr. 9342).

Bucher, Rainer: Christsein im Kapitalismus. Wider die gewinnorientierte Verwaltung der Welt. Würzburg 2019.

Darwin, Charles an Hooker, Dalton, Brief vom 11. Januar 1844. In: www.darwinproject.ac.uk/letter/DCP-LETT-729.xml. (abgerufen 24.10.2018).

Derrida, Jacques: Das Tier, welch ein Wort! Auszug aus: Ders.: „So bin ich also dieses Tier, das ich verfolge (fortzusetzen), in: L'animal autobiographique. Hrsg. v. Marie-Louise Mallet, Paris 1999. Übersetzt von Stefan Lorenzer. In: Helga Raulff (Hrsg.): Mensch und Tier. Katalog zur Ausstellung des Deutschen Hygienemuseum *Mensch und Tier. Eine paradoxe Beziehung.* Berlin 2002.

Derrida, Jacques: Glaube und Wissen. Die beiden Quellen der „Religion" an den Grenzen der bloßen Vernunft. In: J. Derrida; G. Vattimo (Hrsg.): Die Religion. Frankfurt a. M. 2001.

Deutschmann, Christoph: Die Verheißung absoluten Reichtums. Kapitalismus *als* Religion? In: Dirk Baecker (Hrsg.): Kapitalismus als Religion. Berlin 2003.

Deutschmann, Christoph: Kapitalismus. Transformation: Die sozialethische Schriftenreihe zum 500. Jubiläum der Reformation. Hrsg. von Gerhard Wegner. Sozialwissenschaftliches Institut der EKD; Stiftung Sozialer Protestantismus 2014.

Dinesen, Ruth; Müssener, Helmut (Hrsg.): Briefe der Nelly Sachs. Frankfurt a. M. 1984.

Fateh-Moghadam, Bijan et al.: Säkulare Tabus. Die Begründung von Unverfügbarkeit. Berlin 2015.

Freud, Sigmund: Die Zukunft einer Illusion. In: Ders.: Studienausgabe Bd. IX. Frankfurt a. M. 1974.

Gabriel, Karl: Christentum zwischen Tradition und Postmoderne. Freiburg i. Br. 1993.

Geyer, Christian: Blick aus dem Nichts. Dieter Henrich über Gespür. In: FAZ vom 12. Juli 2017, S. N3.

Guldin, Rainer: Ineinandergreifende graue Zonen. Vilém Flussers Bestimmung der Grenze als Ort der Begegnung. In: Kleinschmidt, Christoph; Hewel, Christine (Hrsg.): Topographien der Grenze. Verortungen einer kulturellen, politischen und ästhetischen Kategorie. Würzburg 2011.

Habermas, Jürgen; Ratzinger, Joseph: Dialektik der Säkularisierung. Über Vernunft und Religion. Freiburg i. Br. 2005.

Harari, Yuval Noah: Homo Deus. Eine Geschichte von Morgen. München 2019 (11. Auflage).

Haupt, Christiane M.: Nicht nichtwissend. In: „Schutz für Mensch, Tier und Umwelt“, Heft Feb./März 1998.

Han, Byung-Chul: Duft der Zeit. Ein philosophischer Essay zur Kunst des Verweilens. Bielefeld 2015.

Henrich, Dieter: Subjektivität und Metaphysik. Interview mit Andrea Marlen Esser und Hans-Peter Krüger. DZPhil 2017; 65. Jg., Band 2/2017.

Hitzler, Ronald: Individualisierung des Glaubens. In: Jo Reichertz u. a. (Hrsg.): Diesseitsreligion. Konstanz 1999.

Illouz, Eva: Gefühle in Zeiten des Kapitalismus. Frankfurter Adorno-Vorlesungen 2004. Berlin 2019 (7. Auflage).

Joas, Hans: Die Macht des Heiligen. Eine Alternative zur Geschichte der Entzauberung. Berlin 2017.

Joas, Hans: Die Sakralität der Person. Eine neue Genealogie der Menschenrechte. Berlin 2015.

Kierkegaard, Sören: Die Krankheit zum Tode. Eine christliche psychologische Entwicklung zur Erbauung und Erweckung, von Anti-Climacus. Kopenhagen 1849. In: Ders.: Werke IV. Hamburg 1962.

Klee, Paul: Die Engel. Hrsg. vom Zentrum Paul Klee, Bern. Berlin 2012.

Lehnert, Christian: Aufkommender Atem. Gedichte. Berlin 2011.

Lehnert, Christian: Cherubinischer Staub. Gedichte. Berlin 2018.

Lehnert, Christian: Korinthische Brocken. Ein Essay über Paulus. Berlin 2013.

Lehnert, Christian: Windzüge. Gedichte. Berlin 2015.

Linnemann, Manuela (Hrsg.): Der Weg allen Fleisches. Das Motiv des Schlachtens in der Literatur. Erlangen 2006.

Luckmann, Thomas: Überlegungen zu den Metamorphosen der Religion in der Moderne. In: Erwin Teufel (Hg.): Was hält die moderne Gesellschaft zusammen? Frankfurt a. M. 1996.

Luhmann, Niklas: Funktion der Religion. Frankfurt a. M. 1982.

Luther, Henning: Identität und Fragment. Praktisch-theologische Überlegungen zur Unabschließbarkeit von Bildungsprozessen. In: Ders.: Religion und Alltag. Bausteine einer Praktischen Theologie des Subjekts. Stuttgart 2014.

Luther, Martin: Vorbereitung auf das Sterben. In: Ders.: Die Botschaft des Kreuzes. Martin Luther Taschenausgabe Band 1. Hrsg. v. H. Beintker u. a. Berlin 1981.

Metz, Christian: Warum die Engel auf sich warten lassen. Zur Inszenierung der Unschärfe in der Ostererzählung des Johannes-Evangeliums. In: FAZ vom 15. April 2017.

Metz, Johann B.: Gotteskrise. Versuch zur „geistigen Situation der Zeit". In: J. B. Metz et al.: Diagnosen der Zeit. Düsseldorf 1994.

Müller-Karpe, Hermann: Geschichte der Steinzeit. Augsburg 1998.

Nüchtern, Michael: Dauerwelle Esoterik. Erkundungen im religiösen Zeitgeist. In: Hofmeister, Klaus; Bauerochse, Lothar (Hrsg.): Die Zukunft der Religion. Spurensicherung an der Schwelle zum 21. Jahrhundert. Würzburg 1999.

Pollack, Detlef: Religion und Moderne. Versuch einer Bestimmung ihres Verhältnisses. Stiftung Bibliothek des Ruhrgebiets 2007.

Riesebrodt, Martin: Die fundamentalistische Erneuerung der Religionen. In: Kilian Kindelberger (Hrsg.): Fundamentalismus. Politisierte Religionen. Brandenburgische Landeszentrale für politische Bildung 2004.

Riesebrodt, Martin: Fundamentalismus, Säkularisierung und die Risiken der Moderne. In: Heiner Bielefeldt; Wilhelm Heitmeyer (Hrsg.): Politisierte Religion. Ursachen und Erscheinungsformen des modernen Fundamentalismus. Frankfurt a. M. 1998.

Rilke, Rainer Maria: Duineser Elegien / Die Sonette an Orpheus. Frankfurt a. M. 1977 (3. Auflage).

Rogausch, Günther: Innerhalb einer Kultur des Schlachthofes – Jenseits von Fleisch. Eine Exkursion entlang der Speziesgrenze. Oder: Ein kurzer Ausflug zwischen Warenwelt und wahre Welt. In: „Leiden beredt werden zu lassen, ist Bedingung aller Wahrheit“. Reflexionen zum Mensch-Tier-Verhältnis. Hamburg 1999.

Rosa, Hartmut: Resonanz. Eine Soziologie der Weltbeziehung. Berlin 2017 (6. Auflage).

Rudolph, Ebermut: Schulderlebnis und Entschuldung im Bereich säkularer Tiertötung. Religionsgeschichtliche Untersuchung. Bern 1972.

Ruppert, Hans-Jürgen: Esoterik – was ist das? Evangelische Zentralstelle für Weltanschauungsfragen Berlin 1998.

Schlingensief, Christoph: So schön wie hier kanns im Himmel gar nicht sein. Tagebuch einer Krebserkrankung. Köln 2009 (7. Auflage).

Schneider-Flume, Gunda: Leben ist kostbar. Wider die Tyrannei des gelingenden Lebens. Göttingen 2004 (2. Auflage).

Sölle, Dorothee: Atheistisch an Gott glauben. München 1994 (3. Auflage).

Sölle, Dorothee: Gott denken. Einführung in die Theologie. Stuttgart 1990 (2. Auflage).

Schweitzer, Albert: Aus meinem Leben und Denken. Frankfurt a. M. 1999 (4. Auflage).

Schweitzer, Albert: Das Christentum und die Weltreligionen. München 1992 (3. Auflage).

Schweitzer, Albert: Die Mystik des Apostels Paulus. Tübingen 1981 (Neudruck der 1. Auflage von 1930; UTB 1091).

Schweitzer, Albert: Geschichte der Leben-Jesu-Forschung. Tübingen 1984 (9. Auflage, Nachdruck der 7. Auflage; UTB 1302).

Schweitzer, Albert: Kultur und Ethik. München 1996 (Nachdruck der Sonderausgabe von 1990).

Taylor, Charles: Ein säkulares Zeitalter. Berlin 2009.

Thielicke, Helmut: Tod und Leben. Studien zur christlichen Anthropologie. Edition Oikumene Genf o. J.

Tranströmer, Tomas: In meinem Schatten werde ich getragen. Gesammelte Gedichte. Frankfurt a. M. 2013.

Ullrich, Wolfgang: Die Geschichte der Unschärfe. Berlin 2009.

Wagner, Doris: Spiritueller Missbrauch in der katholischen Kirche. Freiburg i. Br. 2019.

Wagner, Falk: Industrielle Revolution oder: Die Religions- und Moralferne der Wirtschaft. In: Ders.: Gott – Ein Wort unserer Sprache? In: Faulhaber, Theo; Stillfried, Bernhard (Hrsg.): Wenn Gott verloren geht. Die Zukunft des Glaubens in der säkularisierten Gesellschaft. Freiburg i. Br. 1998.

Waldenfels, Bernhard: Antwort auf das Fremde. Grundzüge einer responsiven Phänomenologie. In: Waldenfels, Bernhard; Därmann, Iris (Hrsg.): Der Anspruch des Anderen: Perspektiven phänomenologischer Ethik. München 1998.

Waldenfels, Bernhard: Der Stachel des Fremden. Frankfurt a. M. 1990.

Waldenfels, Bernhard: Hyperphänomene. Modi hyperbolischer Erfahrung. Berlin 2012.

Waldenfels, Bernhard: Phänomenologie des Eigenen und des Fremden. In: H. Münkler (Hrsg.): Furcht und Faszination. Facetten der Fremdheit. Berlin 1997.

Walter, Silja: Lyrik. Gesamtausgabe Band 8. Redaktion: Ulrike Wolitz. Freiburg (Schweiz) 2003.

Walter, Silja: Spiritualität II. Gesamtausgabe Band 10. Redaktion: Ulrike Wolitz. Freiburg (Schweiz) 2005.

Will, Herbert: Vom Niedergang der Weltanschauungen. Freuds Atheismus im Kontext betrachtet. Psyche – Z Psychoanal 68, 2014.

Wolf, Christa: Kassandra. Erzählung. Süddeutsche Zeitung / Bibliothek 2007.

Internet:

http://w2.vatican.va/content/francesco/de/enzyclicals/documents/papa-francesco_20150524_enciclica-laudato-si.html#/_ftnref18 (3.11.2017).

Anmerkungen

1 Charles Darwin an Dalton Hooker, Brief vom 11. Januar 1844. In: www.darwinproject.ac.uk/letter/DCP-LETT-729.xml. (abgerufen 24.10.2018).

2 Johann B. Metz: Gotteskrise. Versuch zur „geistigen Situation der Zeit“. In: J. B. Metz et. al.: Diagnosen der Zeit. Düsseldorf 1994, S. 77.

3 Vgl.: Jürgen Habermas; Joseph Ratzinger: Dialektik der Säkularisierung. Über Vernunft und Religion. Freiburg i. Br. 2005, S. 33.

4 Bernhard Waldenfels: Hyperphänomene. Modi hyperbolischer Erfahrung. Berlin 2012, S. 39.

5 Doris Wagner: Spiritueller Missbrauch in der katholischen Kirche. Freiburg i. Br. 2019, S. 42.

6 A. a. O., S. 62.

7 Ebd.

8 A. a. O., S. 154f., 164.

9 Dieter Henrich: Subjektivität und Metaphysik. Interview mit Andrea Marlen Esser und Hans-Peter Krüger. DZPhil 2017; 65. Jg., Band 2/2017, S. 301f.

10 A. a. O., S. 325.

11 Christian Geyer: Blick aus dem Nichts. Dieter Henrich über Gespür. In: FAZ vom 12. Juli 2017, S. N3.

12 Charles Taylor: Ein säkulares Zeitalter. Berlin 2009, S. 42.

13 A. a. O., S. 1061.

14 A. a. O., S. 899ff.

15 A. a. O., S. 986.

16 A. a. O., S. 1203f.

17 Byung-Chul Han: Duft der Zeit. Ein philosophischer Essay zur Kunst des Verweilens. Bielefeld 2015, S. 36f.

18 Yuval Noah Harari: Homo Deus. Eine Geschichte von Morgen. München 2019 (11. Auflage), S. 554.

19 Sigmund Freud: Die Zukunft einer Illusion. In: Ders.: Studienausgabe Bd. IX. Frankfurt a. M. 1974, S. 162ff., 175.

20 Vgl. dazu: Herbert Will: Vom Niedergang der Weltanschauungen. Freuds Atheismus im Kontext betrachtet. Psyche – Z Psychoanal 68, 2014, S. 4–26.

21 Theodor W. Adorno; Max Horkheimer: Dialektik der Aufklärung. Philosophische Fragmente. Leipzig 1989, S. 9, 11, 14, 57.

22 A. a. O., S. 43.

23 J. Habermas; J. Ratzinger: Dialektik der Säkularisierung, S. 33.

24 Ronald Hitzler: Individualisierung des Glaubens. In: Jo Reichertz u. a. (Hrsg.): Diesseitsreligion. Konstanz 1999, S. 359.

25 Karl Gabriel: Christentum zwischen Tradition und Postmoderne. Freiburg i. Br. 1993, S. 139.

26 A. a. O., S. 159.

27 Christian Lehnert: Korinthische Brocken. Ein Essay über Paulus. Berlin 2013, S. 267.

28 In: Chrismon 07/2011, S. 36.

29 Detlef Pollack: Religion und Moderne. Versuch einer Bestimmung ihres Verhältnisses. Stiftung Bibliothek des Ruhrgebiets 2007, S. 30f.

30 Niklas Luhmann: Funktion der Religion. Frankfurt a. M. 1982, S. 238f.

31 Thomas Luckmann: Überlegungen zu den Metamorphosen der Religion in der Moderne. In: Erwin Teufel (Hrsg.): Was hält die moderne Gesellschaft zusammen? Frankfurt a. M. 1996, S. 205.

32 Peter L. Berger: Der Zwang zur Häresie. Religion in der pluralistischen Gesellschaft. Freiburg i. Br. 1992, S. 43f.

33 A. a. O., S. 32.

34 Wolfgang Borchert: Draußen vor der Tür. Mit einem Nachwort von Heinrich Böll. Hamburg 2006 (88. Auflage), S. 42f.

35 Vgl.: Dorothee Sölle: Atheistisch an Gott glauben. München 1994 (3. Auflage), S.61.

36 Falk Wagner: Industrielle Revolution oder: Die Religions- und Moralferne der Wirtschaft. In: Ders.: Gott – Ein Wort unserer Sprache? In: Theo Faulhaber; Bernhard Stillfried (Hrsg.): Wenn Gott verloren geht. Die Zukunft des Glaubens in der säkularisierten Gesellschaft. Freiburg i. Br. 1998, S. 227.

37 Hartmut Rosa: Resonanz. Eine Soziologie der Weltbeziehung. Berlin 2017 (6. Auflage), S. 44, 47, 56f.

38 Christoph Deutschmann: Kapitalismus. Transformation: Die sozialethische Schriftenreihe zum 500. Jubiläum der Reformation. Hrsg. von Gerhard Wegner. Sozialwissenschaftliches Institut der EKD; Stiftung Sozialer Protestantismus 2014, S. 17.

39 Falk Wagner: Industrielle Revolution, S. 228.

40 Eva Illouz: Gefühle in Zeiten des Kapitalismus. Frankfurter Adorno-Vorlesungen 2004. Berlin 2019 (7. Auflage), S. 13.

41 A. a. O., S. 52f., 59.

42 Rainer Bucher: Christsein im Kapitalismus. Wider die gewinnorientierte Verwaltung der Welt. Würzburg 2019, S. 66.

43 Rainer Bucher: Christsein im Kapitalismus, S. 27, 31.

44 Christoph Deutschmann: Die Verheißung absoluten Reichtums. Kapitalismus als Religion? In: Dirk Baecker (Hrsg.): Kapitalismus als Religion. Berlin 2003, S. 170.

45 Walter Benjamin: Kapitalismus als Religion. In: Dirk Baecker (Hg.): Kapitalismus als Religion. Berlin 2003, S. 16.

46 Christoph Deutschmann: Kapitalismus, S. 30.

47 Walter Benjamin: Kapitalismus als Religion. S. 15f.

48 Gunda Schneider-Flume: Leben ist kostbar. Wider die Tyrannei des gelingenden Lebens. Göttingen 2004 (2. Auflage).

49 Henning Luther: Identität und Fragment. In: Ders.: Religion und Alltag. Bausteine zu einer praktischen Theologie des Subjekts. Stuttgart 2014, S. 172.

50 Carl Amery: Global Exit. Die Kirchen und der Totale Markt. Neuwied 2002, S. 20.

51 A. a. O., S. 22, 33, 41, 70f.

52 A. a. O., S. 125.

53 A. a. O., S. 173, 221, 238.

54 Hartmut Böhme: Zur Theologie der Telepräsenz. In: Frithjof Hager (Hrsg.): KörperDenken. Aufgaben der historischen Anthropologie. Berlin 1996, S. 241.

55 A. a. O., S. 242.

56 Yuval Noah Harari: Homo Deus, S. 539.

57 A. a. O., S. 591f.

58 A. a. O., S. 585, 601.

59 A. a. O., S. 602f.

60 A. a. O., S. 607f.

61 Martin Riesebrodt: Die fundamentalistische Erneuerung der Religionen. In: Kilian Kindelberger (Hrsg.): Fundamentalismus. Politisierte Religionen. Brandenburgische Landeszentrale für politische Bildung 2004, S. 18.

62 Martin Riesebrodt: Fundamentalismus, Säkularisierung und die Risiken der Moderne. In: Heiner Bielefeldt; Wilhelm Heitmeyer (Hrsg.): Politisierte Religion. Ursachen und Erscheinungsformen des modernen Fundamentalismus. Frankfurt a. M. 1998, S. 88.

63 Hans-Jürgen Ruppert: Esoterik – was ist das? Evangelische Zentralstelle für Weltanschauungsfragen. Berlin 1998, S. 5.

64 Michael Nüchtern: Dauerwelle Esoterik. Erkundungen im religiösen Zeitgeist. In: Klaus Hofmeister; Lothar Bauerochse (Hrsg.): Die Zukunft der Religion. Spurensicherung an der Schwelle zum 21. Jahrhundert. Würzburg 1999, S. 92.

65 A. a. O., S. 93.

66 Ebd.

67 Thomas Bauer: Die Vereindeutigung der Welt. Über den Verlust an Mehrdeutigkeit und Vielfalt. Stuttgart 2018 (4. Auflage), S. 30.

68 A. a. O., S. 29.

69 Vgl. A. a. O., S. 27–29.

70 Henning Luther: Identität und Fragment. Praktisch-theologische

Überlegungen zur Unabschließbarkeit von Bildungsprozessen. In: Ders.: Religion und Alltag. Bausteine einer Praktischen Theologie des Subjekts. Stuttgart 2014, S. 167.

71 A. a. O., S. 168f.

72 A. a. O., S. 175.

73 Zitiert in: Helmut Thielicke: Tod und Leben. Studien zur christlichen Anthropologie. Edition Oikumene. Genf o.J., S. 3.

74 In: Ruth Dinesen; Helmut Müssener (Hrsg.): Briefe der Nelly Sachs. Frankfurt a. M. 1984, S. 173.

75 Rainer Maria Rilke: Duineser Elegien / Die Sonette an Orpheus. Frankfurt a. M. 1977 (3. Auflage), S. 35–37.

76 Hermann Müller-Karpe: Geschichte der Steinzeit. Augsburg 1998, S. 248

77 Sören Kierkegaard: Die Krankheit zum Tode. Eine christliche psychologische Entwicklung zur Erbauung und Erweckung, von Anti-Climacus. Kopenhagen 1849. In: Ders.: Werke IV. Frankfurt a. M. 1962, S. 18, 20.

78 A. a. O., S. 37f.

79 Hans Blumenberg: Die Sorge geht über den Fluss. Frankfurt a. M. 1987, S. 153.

80 Hans Blumenberg: Trostbedürfnis und Untröstlichkeit des Menschen. In: Beschreibungen des Menschen. Frankfurt a. M. 2006, S. 638.

81 Hans Blumenberg: Die Sorge geht über den Fluss, S. 153.

82 Hans Blumenberg: Trostbedürfnis, S. 632.

83 Hans Blumenberg: Matthäuspassion. Frankfurt a. M. 1988, S. 14.

84 A. a. O., S. 16.

85 A. a. O., S. 126.

86 A. a. O., S. 126f.

87 Hans Blumenberg: Die Sorge geht über den Fluss, S. 204.

88 A. a. O., S. 205.

89 Vgl.: Christoph Schlingensief: So schön wie hier kanns im Himmel gar nicht sein. Tagebuch einer Krebserkrankung. Köln 2009 (7. Auflage), S. 106.

90 Christa Wolf: Kassandra. Erzählung. Süddeutsche Zeitung / Bibliothek 2007, S. 26.

91 Martin Luther: Vorbereitung auf das Sterben. In: Ders.: Die Botschaft des Kreuzes. Martin Luther Taschenausgabe Band 1. Hrsg. v. H. Beintker u. a. Berlin 1981, S. 55.

92 A. a. O., S. 56f.

93 Silja Walter: Lyrik. Gesamtausgabe Band 8. Redaktion: Ulrike Wolitz. Freiburg (Schweiz) 2003, S. 183.

94 Vgl.: Paul Klee: Die Engel. Hrsg. vom Zentrum Paul Klee, Bern. Berlin 2012.

95 Wolfgang Ullrich: Die Geschichte der Unschärfe. Berlin 2009, S. 12.

96 A. a. O., S. 51.

97 Vgl.: A. a. O., S. 70f., 78, 82, 98.

98 Vgl.: Christian Metz: Warum die Engel auf sich warten lassen. Zur Inszenierung der Unschärfe in der

Ostererzählung des Johannes-Evangeliums. In: FAZ vom 15. April 2017, S. 18.

99 Ebd.

100 Christian Lehnert: Korinthische Brocken. Ein Essay über Paulus. Berlin 2013, S. 247.

101 Tomas Tranströmer: In meinem Schatten werde ich getragen. Gesammelte Gedichte. Frankfurt a. M. 2013, S. 263.

102 Bernhard Waldenfels: Hyperphänomene. Modi hyperbolischer Erfahrung. Berlin 2012, S. 35, 50f., 75, 93ff.

103 A. a. O., S.32.

104 Bernhard Waldenfels: Der Stachel des Fremden. Frankfurt a. M. 1990, S. 31.

105 Bernhard Waldenfels: Phänomenologie des Eigenen und des Fremden. In: H. Münkler (Hrsg.): Furcht und Faszination. Facetten der Fremdheit. Berlin 1997, S. 72f.

106 Bernhard Waldenfels: Hyperphänomene, S. 301.

107 Bernhard Waldenfels: Antwort auf das Fremde. Grundzüge einer responsiven Phänomenologie. In: Bernhard Waldenfels; Iris Därmann (Hrsg.): Der Anspruch des Anderen: Perspektiven phänomenologischer Ethik. München 1998, S. 44, 48ff.

108 Rainer Guldin: Ineinandergreifende graue Zonen. Vilém Flussers Bestimmung der Grenze als Ort der Begegnung. In: Christoph Kleinschmidt; Christine Hewel (Hrsg.): Topographien der Grenze. Verortungen einer kulturellen, politischen und ästhetischen Kategorie. Würzburg 2011, S. 47.

109 Bernhard Waldenfels: Hyperphänomene. S. 112, 180.

110 Christian Lehnert: Aufkommender Atem. Gedichte. Berlin 2011, S. 15.

111 A. a. O., S. 71.

112 Christian Lehnert: Windzüge. Gedichte. Berlin 2015, S. 21.

113 Christian Lehnert: Cherubinischer Staub. Gedichte. Berlin 2018, S. 39.

114 A. a. O., S. 25.

115 A. a. O., S. 15.

116 A. a. O., S. 68.

117 Tomas Tranströmer: In meinem Schatten werde ich getragen, S. 134.

118 A. a. O., S. 135.

119 A. a. O., S. 193.

120 A. a. O., S. 157.

121 A. a. O., S. 225.

122 A. a. O., S. 250.

123 Christian Lehnert: Cherubinischer Staub, S. 61.

124 Tomas Tranströmer: In meinem Schatten werde ich getragen, S. 263.

125 A. a. O., S. 191.

126 A. a. O., S. 231.

127 Hans Joas: Die Sakralität der Person. Eine neue Genealogie der Menschenrechte. Berlin 2015, S. 106.

128 A. a. O., S. 232.

129 A. a. O., S. 35.

130 A. a. O., S. 250.

131 Bijan Fateh-Moghadam; Thomas Gutmann; Michael Neumann; Thomas Weitin: Säkulare Tabus. Die Begründung von Unverfügbarkeit. Berlin 2015, S. 118.

132 A. a. O., S. 99f.

133 A. a. O., S. 100f.

134 Jacques Derrida: Glaube und Wissen. Die beiden Quellen der „Religion" an den Grenzen der bloßen Vernunft. In: J. Derrida; G. Vattimo (Hrsg.): Die Religion. Frankfurt a. M. 2001, S. 55.

135 A. a. O., S. 82.

136 A. a. O., S. 83.

137 A. a. O., S. 85.

138 A. a. O., S. 83.

139 Vgl.: Jacques Derrida: Das Tier, welch ein Wort! Auszug aus: Ders.: „So bin ich also dieses Tier, das ich verfolge (fortzusetzen). In: L'animal autobiographique. Hrsg. v. Marie-Louise Mallet, Paris 1999. Übersetzt von Stefan Lorenzer. In: Helga Raulff (Hrsg.): Mensch und Tier. Katalog zur Ausstellung des Deutschen Hygienemuseum Mensch und Tier. Eine paradoxe Beziehung. Berlin 2002, S. 160ff.

140 A. a. O., S. 207f.

141 Christiane M. Haupt: Nicht nichtwissend. In: „Schutz für Mensch, Tier und Umwelt", Heft Feb./März 1998, S. 14–18.

142 Manuela Linnemann (Hrsg.): Der Weg allen Fleisches. Das Motiv des Schlachtens in der Literatur. Erlangen 2006, S. 11f.

143 Günther Rogausch: Innerhalb einer Kultur des Schlachthofes – Jenseits von Fleisch. Eine Exkursion entlang der Speziesgrenze. Oder: Ein kurzer Ausflug zwischen Warenwelt und wahre Welt. In: „Leiden beredt werden zu lassen, ist Bedingung aller Wahrheit". Reflexionen zum Mensch-Tier-Verhältnis. Hamburg 1999, S. 5f.

144 A. a. O., S. 26f.

145 Ebermut Rudolph: Schulderlebnis und Entschuldung im Bereich säkularer Tiertötung. Religionsgeschichtliche Untersuchung. Bern 1972, S. 24 (unter Verweis auf Gustav Mensching).

146 A. a. O., S. 41.

147 A. a. O., S. 92.

148 Vgl.: A. a. O., S. 123.

149 A. a. O., S. 18.

150 Vgl.: Albert Schweitzer: Die Mystik des Apostels Paulus. Tübingen 1981 (Neudruck der 1. Auflage von 1930; UTB 1091).

151 Vgl.: A. a. O., S. 100f.

152 A. a. O., S. 3, 368.

153 Albert Schweitzer: Das Christentum und die Weltreligionen. München 1992 (3. Auflage), S. 27.

154 Albert Schweitzer: Aus meinem Leben und Denken. Frankfurt a. M. 1999 (4. Auflage), S. 138.

155 A. a. O., S. 204.

156 A. a. O., S. 202.

157 Albert Schweitzer: Kultur und Ethik. München 1996 (Nachdruck der Sonderausgabe von 1990), S. 334.

158 A. a. O., S. 25.

159 A. a. O., S. 331, 334.

160 Leonardo Boff: Mutter Erde. Warum wir als Krone der Schöpfung abdanken müssen. München 2012, S. 62f.

161 A. a. O., S. 305f.

162 A. a. O., S. 306.

163 Martin Buber: Ich und Du. Stuttgart 1995 (Reclams Universal Bibliothek Nr. 9342), S. 18.

164 Dorothee Sölle: Gott denken. Einführung in die Theologie. Stuttgart 1990 (2. Auflage), S. 241f.

165 http://w2.vatican.va/content/francesco/de/enzyclicals/documents/papa-francesco_20150524_enciclica-laudato-si.html#/_ftnref18 (3.11.2017).

166 Hans Joas: Die Macht des Heiligen. Eine Alternative zur Geschichte der Entzauberung. Berlin Verlag 2017, S. 440.

167 A. a. O., S. 444.

168 Silja Walter: Spiritualität II. Gesamtausgabe Band 10. Redaktion: Ulrike Wolitz. Freiburg (Schweiz) 2005, S. 293.

169 Silja Walter: Lyrik. Gesamtausgabe Band 8, S. 91.

170 A. a. O., S. 95

171 A. a. O., S. 503.

172 Albert Schweitzer: Geschichte der Leben-Jesu-Forschung. Tübingen 1984 (9. Auflage, Nachdruck der 7. Auflage; UTB 1302), S. 630.